DISCLAIMER

The author and publisher are providing this book and its contents on an "as is" basis and make no representations or warranties of any kind with respect to this book or its contents. The author and publisher disclaim all such representations and warranties, including but not limited to warranties of merchantability. In addition, the author and publisher do not represent or warrant that the information accessible via this book is accurate, complete, or current.

Except as specifically stated in this book, neither the author nor publisher, nor any authors, contributors, or other representatives will be liable for damages arising out of or in connection with the use of this book. This is a comprehensive limitation of liability that applies to all damages of any kind, including (without limitation) compensatory; direct, indirect, or consequential damages; loss of data, income, or profit; loss of or damage to property; and claims of third parties.

Copyright © 2022 LINGUAS CLASSICS
BESTACTIVITYBOOKS.COM

All rights reserved. No part of this book may be reproduced or used in any manner without the written permission of the copyright owner except for the use of quotations in a book review.

FIRST EDITION - Published 2022

Extra Graphic Material From: www.freepik.com
Thanks to: alekksall, Starline, Pch.vector, Rawpixel.com, Vectorpocket, Dgim-studio, Upklyak, Macrovector, Stockgiu, Pikisuperstar & Freepik.com Designers

This Book Comes With Free Bonus Puzzles
Available Here:

BestActivityBooks.com/WSBONUS20

5 TIPS TO START!

1) HOW TO SOLVE

The Puzzles are in a Classic Format:

- Words are hidden without breaks (no spaces, dashes, ...)
- Orientation: Forward & Backward, Up & Down or in Diagonal (can be in both directions)
- Words can overlap or cross each other

2) ACTIVE LEARNING

To encourage learning actively, a space is provided next to each word to write down the translation. The **DICTIONARY** allows you to verify and expand your knowledge. You can look up and write down each translation, find the words in the Puzzle then add them to your vocabulary!

3) TAG YOUR WORDS

Have you tried using a tag system? For example, you could mark the words which have been difficult to find with a cross, the ones you loved with a star, new words with a triangle, rare words with a diamond and so on...

4) ORGANIZE YOUR LEARNING

We also offer a convenient **NOTEBOOK** at the end of this edition. Whether on vacation, travelling or at home, you can easily organize your new knowledge without needing a second notebook!

5) FINISHED?

Go to the bonus section: **MONSTER CHALLENGE** to find a free game offered at the end of this edition!

Want more fun and learning activities? It's **Fast and Simple!**
An entire Game Book Collection just **one click away!**

Find your next challenge at:

BestActivityBooks.com/MyNextWordSearch

Ready, Set... Go!

Did you know there are around 7,000 different languages in the world? Words are precious.

We love languages and have been working hard to make the highest quality books for you. Our ingredients?

A selection of indispensable learning themes, three big slices of fun, then we add a spoonful of difficult words and a pinch of rare ones. We serve them up with care and a maximum of delight so you can solve the best word games and have fun learning!

Your feedback is essential. You can be an active participant in the success of this book by leaving us a review. Tell us what you liked most in this edition!

Here is a short link which will take you to your order page.

BestBooksActivity.com/Review50

Thanks for your help and enjoy the Game!

Linguas Classics Team

1 - Food #1

```
N M Z G O O L B N L F M M Z
S A L B P X N A A I R O Í A
R N E J X T U D B M E V Z N
W Í C A N E L A O Ó S O P A
E V H N D J W G Y N A R D H
O S E I F E P I G P J A J O
U I P F I E E F R V U Q F R
G A Q I V N R D F E G F B I
C N K P N S A C E B O L L A
Q E X D J A L B A H A C A Z
L F B H K L C K E T N K Q Ú
A M E A J A C A D D Ú H Y C
M G R L D D A N S O A N Y A
Z J A L B A R I C O Q U E R
```

ALBARICOQUE
CEBADA
ALBAHACA
ZANAHORIA
CANELA
AJO
JUGO
LIMÓN
LECHE
CEBOLLA
MANÍ
PERA
ENSALADA
SAL
SOPA
ESPINACAS
FRESA
AZÚCAR
ATÚN
NABO

2 - Castles

```
P A R E D P R I N C E S A A
Í A D V M C A B A L L O U A
O T R E I N O L H Q R T C W
P H A S C D I N A S T Í A C
I U G P O A G D T C S O B U
M Y Ó A R V T M I J I N A E
P A N D O K E A O R J O L S
E G Z A N V C T P I L B L C
R D F M A D H O D U G L E U
I Y R U O T O R R E L E R D
O E T F X R G Í G M H T O O
D U N I C O R N I O B Q A G
L Z Í W Í X V A D W L I A G
A R M A D U R A F E U D A L
```

ARMADURA
CATAPULTA
CORONA
DRAGÓN
MAZMORRA
DINASTÍA
IMPERIO
FEUDAL
CABALLO
REINO

CABALLERO
NOBLE
PALACIO
PRINCESA
ESCUDO
ESPADA
TORRE
UNICORNIO
PARED

3 - Exploration

```
W C Q I F A C T I V I D A D
E N E D N N C N U E V O X T
T Y Y I F I H U T K V N X E
D A B O Z M N E L C C K A R
Z E Ú M B A B S M T Z Í G R
A E S A P L E P R Í U K O E
F E Q C F E Y A X L C R T N
V W U O O S L C Y J S C A O
L O E R D N B I P U A U M S
V C D A I H O O G K D U I H
V I A J E H D C Q R U W E E
A P R E N D E R I L O V N R
D I S T A N T E L D A S T W
X K K E M O C I Ó N O G O H
```

ACTIVIDAD
ANIMALES
CORAJE
CULTURAS
DISTANTE
EMOCIÓN
AGOTAMIENTO
IDIOMA

NUEVO
PELIGROSO
BÚSQUEDA
ESPACIO
TERRENO
APRENDER
VIAJE
DESCONOCIDO

4 - Measurements

```
C P R O F U N D I D A D N C
E A U T O N E L A D A Í Q D
N P L L Q O Y Í K H K C L
T C B T G K P V Z I X Í S T
Í U D Q U A N P U L M A S A
M M O B Z R D Q P Ó Í T W N
E E Z M L G A A A E M N M D C
T T O Í Í R R X S E I I E H
R R L I T R O A O T X N C O
O O N Z A L L Z D R C U I G
L O N G I T U D Í O N T M R
Y U K I L O G R A M O O A A
V O L U M E N N P E Z U L M
M J L B Y T E U F R X Í W O
```

BYTE
CENTÍMETRO
DECIMAL
GRADO
PROFUNDIDAD
GRAMO
ALTURA
PULGADA
KILOGRAMO
KILÓMETRO
LONGITUD
LITRO
MASA
METRO
MINUTO
ONZA
TONELADA
VOLUMEN
PESO
ANCHO

5 - Farm #2

```
G P L W B H W P R U C L C I
A R L P Z M O L I N O W R W
D A A U J U C O E X R Z E J
A D M N D V Q P G N D S C F
C O A L E C H E O Z E V E T
J L O P T R E D P V R U R R
F Í O S G A O B E A O W Í A
A N I M A L E S A E T L M C
T R I G O V E J A D M O F T
A G R I C U L T O R A K R O
X L O I C Í R W Y T Í C U R
A C L T C O M I D A Z X T R
S U N H R V E G E T A L A K
Y S I Q M M J H U E R T O Í
```

ANIMALES
CEBADA
GRANERO
MAÍZ
PATO
AGRICULTOR
COMIDA
FRUTA
RIEGO
CORDERO

LLAMA
PRADO
LECHE
HUERTO
OVEJA
CRECER
TRACTOR
VEGETAL
TRIGO
MOLINO

6 - Books

```
P P N P E S C R I T O N L E
N O T A E P O P E Y A O I K
C E A Z R R T I C T Z V T D
O M U V P R T R Z H P E E U
L A Í F C T A I Á L Á L R A
E V A U T O R D N G G A A L
C O N T E X T O O E I L R I
C E P D H D H A C R N C I D
I Y O H I S T O R I A T O A
Ó L E C T O R Z Í U T X E D
N X S H I S T Ó R I C O B G
I B Í A V E N T U R A Q I E
R V A I N V E N T I V O R K
H U M O R Í S T I C O G Y R
```

AVENTURA
AUTOR
COLECCIÓN
CONTEXTO
DUALIDAD
EPOPEYA
HISTÓRICO
HUMORÍSTICO
INVENTIVO
LITERARIO
NARRADOR
NOVELA
PÁGINA
POEMA
POESÍA
LECTOR
PERTINENTE
HISTORIA
TRÁGICO
ESCRITO

7 - Meditation

G	H	K	W	C	I	W	N	F	D	G	P	P	R
R	M	Á	C	L	A	R	I	D	A	D	E	E	E
A	Ú	O	B	Z	V	L	B	A	T	B	R	N	S
T	S	V	O	I	Y	G	M	F	Í	M	S	S	P
I	I	W	N	B	T	M	C	A	T	M	P	A	I
T	C	R	D	H	W	O	V	V	T	A	E	M	R
U	A	A	A	I	M	L	S	F	V	O	C	I	A
D	Í	X	D	Q	M	E	N	T	A	L	T	E	C
Z	D	E	S	P	I	E	R	T	O	W	I	N	I
M	O	V	I	M	I	E	N	T	O	H	V	T	Ó
S	I	L	E	N	C	I	O	T	N	C	A	O	N
H	G	E	E	K	I	W	P	Z	E	V	F	S	O
T	G	N	A	T	U	R	A	L	E	Z	A	Í	B
E	A	H	W	T	W	L	Z	G	Z	W	G	V	P

DESPIERTO
RESPIRACIÓN
CALMA
CLARIDAD
GRATITUD
HÁBITOS
BONDAD
MENTAL

MENTE
MOVIMIENTO
MÚSICA
NATURALEZA
PAZ
PERSPECTIVA
SILENCIO
PENSAMIENTOS

8 - Days and Months

```
B C A L E N D A R I O A N S
R O T B A Ñ O V I E F G S Á
V R Z S A B Q V O L J O J B
S E M A N A R Q I Q I S H A
S F L U N E S I Q E G T T D
O E W U J N B X L A M O M O
Í B P F U E P E R N J B A Y
K R R T L R A O C T U B R E
G E X D I O K M K G E D T E
X R C I O E L U H C V P E J
P O R E B B M M E S E S S E
D O M I N G O B B J S G V A
V I E R N E S K R M A R Z O
M I É R C O L E S E Í D Í Q
```

ABRIL
AGOSTO
CALENDARIO
FEBRERO
VIERNES
ENERO
JULIO
MARZO
LUNES
MES
NOVIEMBRE
OCTUBRE
SÁBADO
SEPTIEMBRE
DOMINGO
JUEVES
MARTES
MIÉRCOLES
SEMANA
AÑO

9 - Chess

```
O A P R E N D E R I H D S T
E P R E Y C D C F N I Z A O
S C O B L A N C O T V S C R
T M N N W C A M P E Ó N R N
R Q C W E Z V J J L Z D I E
A R Q D E N E X U I F Y F O
T E E M Y H T Í E G V B I Í
E I N G R X X E G E A E C X
G N E J L Q P T O N G D I Í
I A G L L A Q Y P T Z I O Í
A D R R A I S U V E W T M R
L C O N C U R S O H J Í C T
D I A G O N A L T I E M P O
P A S I V O P U N T O S F V
```

NEGRO
CAMPEÓN
INTELIGENTE
CONCURSO
DIAGONAL
JUEGO
REY
OPONENTE
PASIVO
JUGADOR

PUNTOS
REINA
REGLAS
SACRIFICIO
ESTRATEGIA
TIEMPO
APRENDER
TORNEO
BLANCO

10 - Food #2

```
Í  O  X  G  Í  M  P  L  Á  T  A  N  O  Y
C  D  E  L  F  A  I  R  Y  V  R  X  G  L
E  E  R  S  Q  N  O  O  U  G  H  I  X  Y
M  W  R  M  P  Z  V  K  V  C  H  T  G  Y
G  O  W  E  P  A  B  I  A  Q  A  O  D  O
Y  K  U  A  Z  N  L  W  L  U  P  M  S  G
P  O  L  L  O  A  P  I  C  E  I  A  K  U
B  E  R  E  N  J  E  N  A  S  O  T  V  R
R  O  S  D  J  A  F  A  C  O  I  E  U  A
Ó  K  E  C  D  C  A  R  H  U  E  V  O  I
C  E  T  K  A  I  X  R  O  J  A  M  Ó  N
O  Z  A  E  C  D  S  O  F  U  Z  Y  X  M
L  H  G  R  B  U  O  Z  A  W  W  D  H  Q
I  C  H  O  C  O  L  A  T  E  H  V  P  D
```

MANZANA
ALCACHOFA
PLÁTANO
BRÓCOLI
APIO
QUESO
CEREZA
POLLO
CHOCOLATE
HUEVO

BERENJENA
PESCADO
UVA
JAMÓN
KIWI
SETA
ARROZ
TOMATE
TRIGO
YOGUR

11 - Family

```
P I K M J I N Z Y H M W U O
V N U A S N U H E R M A N O
P F N D D K X X N P E B I Q
M A H R J E N I O Y A T Ñ Q
A N T E P R I M O B B D O N
R C Í E N U J R S R U Í R I
I I A N R H I J A L E X Q E
D A D O K N I Ñ O S L X B T
O G Í W A G O G E J O T Í O
H E R M A N A S O B R I N A
A N T E P A S A D O W T Q A
M A T E R N O S O B R I N O
Q M E S P O S A I X V O W A
V G J L Q A Í Í W I X O K E
```

ANTEPASADO	NIETO
TÍA	MARIDO
HERMANO	MATERNO
NIÑO	MADRE
INFANCIA	SOBRINO
NIÑOS	SOBRINA
PRIMO	PATERNO
HIJA	HERMANA
PADRE	TÍO
ABUELO	ESPOSA

12 - Farm #1

```
V C A B R A B E J A A C M I
I A A B I S O N T E G R L J
U A C B G I N R L U U Y B C
V B F A A E L S Y X A R S U
P O L L O L I Í U G Z F A E
M F E R T I L I Z A N T E R
I P L Y E J K O Q Z B E H V
E C Q A T L Y B O V U R E O
L Q A Q I E A A Y A R N N O
S S E M I L L A S L R E O V
W E M H P E R R O L O R X W
L D A R R O Z E Z A C O A R
B I K C G S J R B O G A T O
A G R I C U L T U R A E Y Q
```

AGRICULTURA
ABEJA
BISONTE
TERNERO
GATO
POLLO
VACA
CUERVO
PERRO
BURRO

VALLA
FERTILIZANTE
CAMPO
CABRA
HENO
MIEL
CABALLO
ARROZ
SEMILLAS
AGUA

13 - Camping

```
A N S O M B R E R O W L H A
J M A P A O F C A B I N A N
W Q I T F Y P U A Í V A M I
C N N O U Í T O K N G I A M
A U S E E R G O L Q O U C A
V B E C G E A C A Z A A A L
E R C R O P I L C A R P A E
N Ú T F D B S A E F W Q X S
T J O M U A I G Í Z K R W D
U U S E J J M O I Q A L P Q
R L K Q X V K B O S Q U E N
A A U D I V E R S I Ó N H A
M O N T A Ñ A N K J F A Í O
H Z F N Á R B O L E S S P O
```

AVENTURA
ANIMALES
CABINA
CANOA
BRÚJULA
FUEGO
BOSQUE
DIVERSIÓN
HAMACA
SOMBRERO
CAZA
INSECTO
LAGO
MAPA
LUNA
MONTAÑA
NATURALEZA
CUERDA
CARPA
ÁRBOLES

14 - Conservation

```
F P E C O S I S T E M A Y C
R W R P E S T I C I D A V O
E B N E Q J V Y E L W O A N
D B E D O X J U B X S R M T
U I W U S C L I M A B G B A
C C I C O S U A I Y T Á I M
I Y H A S B A P G E C N E I
R K Á C T Y G L A U F I N N
V M B I E S Q F U C A C T A
E C I Ó N F V R O D I O A C
R I T N I L O P Y W U Ó L I
D C A M B I O S C W X J N Ó
E L T P L N A T U R A L Y N
Q O G K E R E C I C L A R B
```

CAMBIOS
CLIMA
PREOCUPACIÓN
CICLO
ECOSISTEMA
EDUCACIÓN
AMBIENTAL
VERDE
HÁBITAT
SALUD
NATURAL
ORGÁNICO
PESTICIDA
CONTAMINACIÓN
RECICLAR
REDUCIR
SOSTENIBLE
AGUA

15 - Cats

```
J C C D O R M I R R O N G L
U U S A L V A J E K V S G A
G R Z K Z R Á P I D O W S S
U I W X D A G R A C I O S O
E O W Í D U D W H O S O S D
T S K P P O C O N Y U C M F
Ó O D J I D S Y R A T Ó N P
N Y C E E Y Q G T G A R R A
M L C N L M Y G Í O P N E Q
M Í U G X E M R M H C O L A
P E R S O N A L I D A D O P
T Q A L L V E R D D R N C A
S Q C U T A P D O F S I O T
A F E C T U O S O H I L O A
```

AFECTUOSO
GARRA
LOCO
CURIOSO
RÁPIDO
GRACIOSO
PIEL
CAZADOR
POCO

RATÓN
PATA
PERSONALIDAD
JUGUETÓN
TÍMIDO
DORMIR
COLA
SALVAJE
HILO

16 - Numbers

```
T D I E Z H C E I J O K D D
R E I U V Y P D Z R C A I I
E C F E P Q H V A F U O E E
C I S D C F Z Z N X A N C C
E M K I Q I P G Í T T S I I
V A W E E Z S C I R R N S N
E L Y C D T Q É I E O K I U
I Q U I N C E O I S O R E E
N X D O S E I S T S A O T V
T X T C R B O C I N C O E E
E S N H V V U N O D U P B Q
C A T O R C E O A O R E O Q
E Y C U X O C H O C H N V Y
K Q Í F T A O K D E E C J E
```

DECIMAL
OCHO
DIECIOCHO
QUINCE
CINCO
CUATRO
CATORCE
NUEVE
DIECINUEVE
UNO

SIETE
DIECISIETE
SEIS
DIECISÉIS
DIEZ
TRECE
TRES
DOCE
VEINTE
DOS

17 - Spices

```
S Q T Í E F C U R R Y H K N
U A N Í S E E L C Q F I M U
N Z B F N N B Q A O F N S E
C A J O L O O V R V F O A Z
N F W Z R G L Z D F O J M M
W R V X F R L A A D P O A O
D Á C F D E A B M Q Z E R S
M N I A H C N I O Q B S G C
L M L V N O C O M I N O O A
G Z A R V E K J O Q M H L D
K Q N S D U L C E A N V I A
F E T X U P V A I N I L L A
N T R J E N G I B R E S H A
Q A O S A L P I M E N T Ó N
```

ANÍS
AMARGO
CARDAMOMO
CANELA
CLAVO
CILANTRO
COMINO
CURRY
HINOJO
FENOGRECO
SABOR
AJO
JENGIBRE
NUEZ MOSCADA
CEBOLLA
PIMENTÓN
AZAFRÁN
SAL
DULCE
VAINILLA

18 - Mammals

```
G G C U W R P T P D V Z E C
A K O P E R R O O H X O H O
T S N R T Y M S X R F R K Y
O D I X I O V E J A O R L O
C E B R A L L E Ó N N O D T
P T N T A O A C C I P W U E
C N K V M B C W A C E B D J
G S B H Z O A Y B V L V E S
J I R A F A S L A Y E O L V
C O N E J O T D L B F S F R
A M O N O C O Q L E A O Í U
J X J R Y S R S O I N Y N G
W G Í C A N G U R O T A W S
F Z S S N U L C P Y E U I K
```

OSO
CASTOR
TORO
GATO
COYOTE
PERRO
DELFÍN
ELEFANTE
ZORRO
JIRAFA

GORILA
CABALLO
CANGURO
LEÓN
MONO
CONEJO
OVEJA
BALLENA
LOBO
CEBRA

19 - Fishing

```
W O E P U N W U H L G M Y D
S H Í Q L U L R V A B Í S L
Í L S P U A A G T O Z C Y E
C E B O O I Y P E P C K F X
M Z C S C H P A M U E B S A
A U R Q É R Í O P O S T U G
N C J G A N C H O V T P O E
D A A S N Z I F R P A D C R
Í B L C O C I N A R E N S A
B L E B A R C O D W S S E C
U E T M L A G O A N L B O I
L P A C I E N C I A J D T Ó
A G S B R A N Q U I A S Í N
S A G U A R O E O T G L F W
```

CEBO
CESTA
PLAYA
BARCO
COCINAR
EQUIPO
EXAGERACIÓN
ALETAS
BRANQUIAS
GANCHO

MANDÍBULA
LAGO
OCÉANO
PACIENCIA
RÍO
TEMPORADA
AGUA
PESO
CABLE

20 - Restaurant #1

```
K C A F É C U C H I L L O G
D A C A M A R E R A J I D P
S J T Y S A J E Í P G B U A
M E N Ú C O M I D A X D T N
E R R C O M E R L L C L J M
R O Z V C S Q U A C P A P N
D E D A I A L E R G I A O A
P Í S H N L K A Í G C V S A
J G R E A S L S W A A W T P
W J I T R A N E T U N P R L
I X R V A V A N T E T O E A
C A R N E Z A T H A E L Y T
B U K W N R Ó S Í F U L J O
Z S F C A C A N M A X O J F
```

ALERGIA
TAZÓN
PAN
CAJERO
POLLO
CAFÉ
POSTRE
COMIDA
COCINA
CUCHILLO
CARNE
MENÚ
SERVILLETA
PLATO
RESERVA
SALSA
PICANTE
COMER
CAMARERA

21 - Bees

Í	H	O	F	J	A	R	D	Í	N	P	Q	K	D
I	F	E	L	R	P	L	A	N	T	A	S	M	I
E	C	N	O	H	U	M	O	Í	B	X	O	U	V
P	C	E	R	A	I	T	P	M	E	E	L	N	E
P	O	L	E	N	E	M	A	R	N	H	O	C	R
O	L	L	S	V	C	U	C	Y	E	Á	V	O	S
R	M	O	I	J	O	F	D	A	F	B	A	M	I
V	E	Z	U	N	S	H	P	H	I	I	N	I	D
G	N	I	S	D	I	N	S	E	C	T	O	D	A
A	A	S	N	Q	S	Z	V	K	I	A	C	A	D
F	L	O	R	A	T	P	A	V	O	T	Q	T	Q
A	N	A	N	W	E	Q	S	D	S	T	X	P	F
Í	M	Q	L	Y	M	I	E	L	O	U	G	P	E
U	Q	E	N	J	A	M	B	R	E	R	P	V	C

BENEFICIOSO
FLOR
DIVERSIDAD
ECOSISTEMA
FLORES
COMIDA
FRUTA
JARDÍN
HÁBITAT
COLMENA
MIEL
INSECTO
PLANTAS
POLEN
POLINIZADOR
REINA
HUMO
SOL
ENJAMBRE
CERA

22 - Sports

```
G O L F Í O I B I C O G E G
B A T L E T A I S A J P I A
E É X S G K R C Í M I F G N
S G I M N A S I A P G H I A
T Á X S E H O C K E Y W M D
A J R T B O O L E O W L N O
D U N B B O P E Q N A D A R
I G N Q I U L T U A I M S Y
O A X Í Z T P A I T E N I S
R D M C S Z R N P O T H O P
T O I J U E G O O O T C E C
K R B A L O N C E S T O A N
E N T R E N A D O R E K I L
M O V I M I E N T O Í R G W
```

ATLETA
BÉISBOL
BALONCESTO
BICICLETA
CAMPEONATO
ENTRENADOR
JUEGO
GOLF
GIMNASIO
GIMNASIA

HOCKEY
MOVIMIENTO
JUGADOR
ÁRBITRO
ESTADIO
EQUIPO
TENIS
NADAR
GANADOR

23 - Weather

```
N I E B L A A B W Z E E W N
S E C O N S T R U E N O J U
T O R N A D O I C M L A Y B
H U R A C Á N S I O E Í H E
I J S R T T H A J N I Y Y Í
E C O W Q R M Z Y Z W R S G
L I L W V I O Í Y Ó I Q I K
O E S R A Y O P A N I M Y S
S L O E H U S O I C L I M A
G O P G Q Q E L K C L K W J
H V M A J U Í A Í F A R N J
V I E N T O Í R B E E L D Y
Í T E M P E R A T U R A T I
Í D G T O R M E N T A C J M
```

BRISA
CLIMA
NUBE
SEQUÍA
SECO
NIEBLA
HURACÁN
HIELO
RAYO
MONZÓN

POLAR
ARCO IRIS
CIELO
TORMENTA
TEMPERATURA
TRUENO
TORNADO
TROPICAL
VIENTO

24 - Adventure

```
N D S M V I A J E S K E A O
B A I O I N U S U A L X C P
E Z V F R M Í K W U T C T O
L E X E I P N U E V O U I R
L D Z K G C R L Í R L R V T
E E P E I A U E B M H S I U
Z V E C N C C L N J P I D N
A A L R Y M R I T D K Ó A I
U L I E G S U I Ó A E N D D
S E G U R I D A D N D N A A
H N R D E S T I N O Í G T D
M T O A L E G R Í A Q Z N E
V Í S A M I G O S T D D Z D
I A O N A T U R A L E Z A C
```

ACTIVIDAD
BELLEZA
VALENTÍA
OPORTUNIDAD
PELIGROSO
DESTINO
DIFICULTAD
EXCURSIÓN
AMIGOS

ALEGRÍA
NATURALEZA
NAVEGACIÓN
NUEVO
SEGURIDAD
SORPRENDENTE
VIAJES
INUSUAL

25 - Circus

```
M Í T V L E W C U L C B X M
E O D E S F I L E P H Í O A
G N S S Q E L I Í Z B A H G
M L T T X U E M Ú S I C A O
A C O R R N Ó Y O Q C R N P
G A M B E A N W J Í A Ó I A
I R Q R O T R A J E R B M Y
A P J A S S E S Í T A A A A
E A A S W K I N N I M T L S
E L E F A N T E E G E A E O
E S P E C T A D O R L K S N
V M O N O V P Q W E O Z O Y
M A L A B A R I S T A H X U
S M U Q B H Z T R U C O R J
```

ACRÓBATA
ANIMALES
GLOBOS
CARAMELO
PAYASO
TRAJE
ELEFANTE
ENTRETENER
MALABARISTA
LEÓN

MAGIA
MAGO
MONO
MÚSICA
DESFILE
MOSTRAR
ESPECTADOR
CARPA
TIGRE
TRUCO

26 - Tools

```
U G P Y O Z R Í P E L P O V
X R E G L A G J Q S Q E P R
R A L I C A T E S C Z G N H
U P L Y G M A G P A L A A A
E A C A B L E I N L W M V N
D B B G T K C D G E V E A T
A M S R I C U M Z R I N J O
E Y J A J C C F Y A G T A R
U T A P E S H A C H A O P C
T Í M A R T I L L O D W M H
X O T D A Y L C U E R D A A
S G B O S K L Z Q A H N Z X
T Í W R Í T O R N I L L O S
A K B A S J D Z F O H M L Z
```

HACHA
CABLE
PEGAMENTO
MARTILLO
CUCHILLO
ESCALERA
MAZO
ALICATES
NAVAJA

CUERDA
REGLA
TIJERAS
TORNILLO
PALA
GRAPA
GRAPADORA
ANTORCHA
RUEDA

27 - Restaurant #2

```
C A M A R E R O O K W P Q M
Z L E S P E C I A S P A F O
V M N Q H N S Z G W N S F D
P U G Y S C G J U B T T O E
Y E O H I E L O A H U E X L
V R S T L N P V E U J L R I
D Z S C L A T E N E D O R C
R O O U A Z N R F V C P H I
S V P C L D W D R O I F D O
A F A H H A O U U S J Z F S
L U L A Z P T R T K N B Í O
A O S R Q Q C A A B H G S T
N D H A Q T Y S B E B I D A
F I D E O S E N S A L A D A
```

BEBIDA
PASTEL
SILLA
DELICIOSO
CENA
HUEVOS
PESCADO
TENEDOR
FRUTA
HIELO
ALMUERZO
FIDEOS
ENSALADA
SAL
SOPA
ESPECIAS
CUCHARA
VERDURAS
CAMARERO
AGUA

28 - Geology

```
V S U T Y A Á T A S I C E E
O C A K I P C A L C I O R S
L A R L C D I C C S F N O T
C V S Í G F D E A V P T S A
Á E M D I Ó O N D J V I I L
N R I X R S Q V W R Q N Ó A
S N X Y R I E K S N A E N C
B A Q V W L C X L F M N Í T
C U A R Z O I L D H E T Q I
C O R A L Q C G É I S E R T
X A L A V A L L E D E F X A
F F P W M Y O C X A T C N J
P R M A R C S H X N A O M P
C R I S T A L E S Q V O Y I
```

ÁCIDO
CALCIO
CAVERNA
CONTINENTE
CORAL
CRISTALES
CICLOS
EROSIÓN
FÓSIL
GÉISER
LAVA
CAPA
MESETA
CUARZO
SAL
ESTALACTITA
PIEDRA
VOLCÁN

29 - House

```
H V P V C C H I M E N E A T
P A B C E Á T I C O B B Y E
A L B C Q S E L N P J Y T C
N L M I A J P N K M I J R H
I A J J T V V E N T A N A O
L T X Í O A H G J P A R E D
Á B O Q D Í C P L O X W V E
M P X B I B L I O T E C A S
P D L L A V E S Ó T L X G C
A U J A R D Í N Y N X O A O
R C E M U E B L E Z U V R B
A H A R C O R T I N A S A A
U A E Í T C O C I N A M J J
A V H F L A P I S O V N E O
```

ÁTICO
ESCOBA
CORTINAS
PUERTA
VALLA
CHIMENEA
PISO
MUEBLE
GARAJE
JARDÍN
LLAVES
COCINA
LÁMPARA
BIBLIOTECA
ESPEJO
TECHO
HABITACIÓN
DUCHA
PARED
VENTANA

30 - School #1

```
R M E A P R E N D E R F A D
E A X X L C Z R M Y O Q L B
S T Á K A F A L B P E D M C
P E M I H M A R D S H E U Í
U M E Q A A E B P Y F H E P
E Á N N K H E N E E V P R A
S T E N H C R R S T T L Z P
T I S U M Í Y Í H I O A O E
A C I A W P Z S I P W Í S L
S A L M W E E N W L N L L Y
Q W L I B R O S X U O Á E V
G C A G A U L A N M K P E Q
U P R O F E S O R A A I R G
X C O S O L E G H S H Z O G
```

ALFABETO
RESPUESTAS
LIBROS
SILLA
AULA
EXÁMENES
CARPETAS
AMIGOS
ALMUERZO

MATEMÁTICA
PAPEL
LÁPIZ
PLUMAS
EXAMEN
PROFESOR
APRENDER
LEER

31 - Dance

```
T R G E H K C C M C V X E P
C R Z I Q C U L T U R A X O
U O A A H D E Á Z L D L P S
F M R D H X R S R T M E R T
Y D T E I Z P I I U L G E U
M F E Y O C O C T R S R S R
B Ú N R Y G I O M A O E I A
E N S A Y O R O O L C S V E
Z Q A I W U T A N M I B O M
T D L K C H U F F A O G S O
R U T T J A U F N Í L Í D C
N A A V I S U A L U A F H I
S G R A C I A M O H T B E Ó
A C A D E M I A D C N T T N
```

ACADEMIA
ARTE
CUERPO
COREOGRAFÍA
CLÁSICO
CULTURAL
CULTURA
EMOCIÓN
EXPRESIVO
GRACIA

ALEGRE
SALTAR
MÚSICA
SOCIO
POSTURA
ENSAYO
RITMO
TRADICIONAL
VISUAL

32 - Colors

```
Í N D I G O G R I S J U N E
Z R A G N C W O O R C Y E C
P M M M I L M S Z J Í F G X
N Ú A W B Y U A K E O T R U
F U R B E I G E O N J D O M
S Z I P L M U X H S Í R Q A
F J L M U A N A R A N J A G
U G L N N R N U K Z Z Q O E
C I O E Í R A C B U W X B N
S E P I A Ó V I O L E T A T
I Í P G S N E A R E Z U Z A
A E J C I Z R N O Í Y L U S
B M Í H A V D V L C M U R J
D J W F J B E C A R M E S Í
```

AZUR
BEIGE
NEGRO
AZUL
MARRÓN
CARMESÍ
CIAN
FUCSIA
VERDE
GRIS
ÍNDIGO
MAGENTA
NARANJA
ROSA
PÚRPURA
ROJO
SEPIA
VIOLETA
BLANCO
AMARILLO

33 - Climbing

```
Í Z Q L C U R I O S I D A D
J C F S E S T R E C H O I V
S E N D E R I S M O U L R T
R U B C E X P E R T O E B Í
G U Í A S F A O O N B S V Q
A F J S T E R R E N O I T A
L O R C A M A P A X T Ó I C
T R C O B G Ó T V O A N D S
I M V T I L U S X N S N G C
T A V Q L C V A F U E R Z A
U C S W I O M Y N E S X Y T
D I E B D R G Q P T R E W P
S Ó B X A C M Y L C E A D V
U N B A D F Í S I C O S Z E
```

ALTITUD
ATMÓSFERA
BOTAS
CUEVA
CURIOSIDAD
EXPERTO
GUANTES
GUÍAS
CASCO

SENDERISMO
LESIÓN
MAPA
ESTRECHO
FÍSICO
ESTABILIDAD
FUERZA
TERRENO
FORMACIÓN

34 - Shapes

```
H Q O R E C T Á N G U L O B
V G K U X Í C D U E L O R S
M K X A T R I Á N G U L O D
T V B M Z C N Z S N I L H V
S C O N O U B W W Y H Z O X
O U R H K L Z N P R I S M A
V B D I V O Í E L I P S E A
A O E S Q U I N A Q É H Y R
L C S L A D O Y E K R R C C
P I R Á M I D E P A B N V O
K O R C I L I N D R O C E A
C U A D R A D O S Í L S E K
O S G E S F E R A R A S G Q
P O L Í G O N O L C U R V A
```

ARCO
CÍRCULO
CONO
ESQUINA
CUBO
CURVA
CILINDRO
BORDES
ELIPSE
HIPÉRBOLA
LÍNEA
OVAL
POLÍGONO
PRISMA
PIRÁMIDE
RECTÁNGULO
LADO
ESFERA
CUADRADO
TRIÁNGULO

35 - Scientific Disciplines

Q	U	Í	M	I	C	A	X	F	Í	G	F	K	F
V	L	S	F	L	B	N	H	I	M	K	B	Í	D
E	C	O	L	O	G	Í	A	S	O	A	P	S	E
A	M	C	B	O	T	Á	N	I	C	A	G	J	P
S	I	I	I	P	S	I	C	O	L	O	G	Í	A
T	N	O	O	N	V	R	Í	L	P	Q	Q	G	G
R	E	L	L	A	N	A	T	O	M	Í	A	C	E
O	R	O	O	U	X	M	H	G	S	S	B	E	O
N	A	G	G	A	R	B	X	Í	Í	S	M	H	L
O	L	Í	Í	E	D	V	O	A	O	J	W	R	O
M	O	A	A	M	E	C	Á	N	I	C	A	X	G
Í	G	L	I	N	G	Ü	Í	S	T	I	C	A	Í
A	Í	A	R	Q	U	E	O	L	O	G	Í	A	A
S	A	B	I	O	Q	U	Í	M	I	C	A	A	C

ANATOMÍA
ARQUEOLOGÍA
ASTRONOMÍA
BIOQUÍMICA
BIOLOGÍA
BOTÁNICA
QUÍMICA
ECOLOGÍA

GEOLOGÍA
LINGÜÍSTICA
MECÁNICA
MINERALOGÍA
FISIOLOGÍA
PSICOLOGÍA
SOCIOLOGÍA

36 - School #2

```
K P S G B I B L I O T E C A
I Í E E E I A L I N J H I C
B O R R A D O R Á B D Í W A
O R D E N A D O R P R U Z D
L I T E R A T U R A I O L É
G M W E E M R U B U G Z S M
T R P G M I O F Í T E C F I
I Z A X F G Z S L O Q I B C
J P P M O O U K V B G E R O
E E E V Á S M A G Ú G N C P
R O L R Y T P G Q S Y C Í Y
A Q D I C C I O N A R I O X
S Z I C F M O C H I L A P W
D A C T I V I D A D E S Z U
```

ACADÉMICO
ACTIVIDADES
MOCHILA
LIBROS
AUTOBÚS
ORDENADOR
DICCIONARIO
BORRADOR

AMIGOS
GRAMÁTICA
BIBLIOTECA
LITERATURA
PAPEL
LÁPIZ
CIENCIA
TIJERAS

37 - Science

```
F Ó S I L H S P R D A B G E
R E M G P E Z O U A Q E R E
H O O W E O V O U T F T A X
H B L U Z O Z O Q O Í L V P
I E É Á T O M O L S S Í E E
P W C U E A Z Q U U I X D R
Ó V U H Í F F T E C C W A I
T N L Y O N Y Q Í D A I D M
E P A R T Í C U L A S F Ó E
S F S M I N E R A L E S C N
I L A B O R A T O R I O Y T
S P L A N T A S M É T O D O
M S K T N A T U R A L E Z A
T Q U Í M I C O C L I M A I
```

ÁTOMO
QUÍMICO
CLIMA
DATOS
EVOLUCIÓN
EXPERIMENTO
HECHO
FÓSIL
GRAVEDAD

HIPÓTESIS
LABORATORIO
MÉTODO
MINERALES
MOLÉCULAS
NATURALEZA
PARTÍCULAS
FÍSICA
PLANTAS

38 - To Fill

```
C L K P A Q U E T E M B I B
T A R R O F L V P R A O Q O
S K J Z E B O L S I L L O T
N W B A B A Ñ E R A E S F E
C E S T A R H Z J P T A I L
A U X U I R S W J S A O V L
J C B B D I C J A R R Ó N A
Ó A A O R L A U W Y J X S G
N R N Z M A R L E W E G O F
R T D Q H A P C V N S Q B J
W Ó E B X W E N L O C B R W
E N J D H H T B V G J A E H
M Q A T G B A Y P I I F S H
W S T L Y X W U X R Y I A W
```

BOLSA
BARRIL
CUENCA
CESTA
BOTELLA
CAJA
CUBO
CARTÓN
CAJÓN
SOBRE
CARPETA
TARRO
PAQUETE
BOLSILLO
MALETA
BANDEJA
BAÑERA
TUBO
JARRÓN

39 - Summer

```
C T M R P T G G W F K N Í J
D P L A Y A M I G O S A F U
R A B F R A Q X V T Y D V E
E L L U M Ú S I C A V A A G
L E F T C A M P I N G R C O
A G Q V J E S T R E L L A S
J R U O A H O G A R F B C E
A Í R J S F C P Z P W I W
C A X Q D H A V I A J E O N
I I Í V Í O M X Y O U Í N I
Ó Í L Í N L I B R O S X E U
N S A N D A L I A S Z F S G
W N T G H U I E N I B T X V
Q O P N G J A A C O M I D A
```

PLAYA
LIBROS
CAMPING
BUCEO
FAMILIA
COMIDA
AMIGOS
JUEGOS
JARDÍN
HOGAR
ALEGRÍA
OCIO
MÚSICA
RELAJACIÓN
SANDALIAS
MAR
ESTRELLAS
NADAR
VIAJE
VACACIONES

40 - Clothes

```
D O P Y Q Z W B L H S T Z X
V E S T I D O U T D O O Y C
E Y L W C T O F A L D A I W
Z F C A M I S A B R I G O V
A T H E N C I N T U R Ó N P
P T A R V T C D W T M R S I
A E Q G S D A A J S J G M J
T P U M O D A L O B L U S A
O U E S M J Y T Y I J A F M
C L T U B A E O A V Q N Y A
I S A É R V U A S H T T U J
C E W T E V Í E N Í Z E F Q
K R A E R L S K D S Í S S Í
P A O R O S A N D A L I A S
```

DELANTAL
CINTURÓN
BLUSA
PULSERA
ABRIGO
VESTIDO
MODA
GUANTES
SOMBRERO
CHAQUETA
JEANS
JOYAS
PIJAMA
SANDALIAS
BUFANDA
CAMISA
ZAPATO
FALDA
SUÉTER

41 - Insects

```
T P L M A R I P O S A I L M
E M K T I A G U Á X F M I O
R P Z M T L G L F T L G B S
M F U K Z M J G I Q S E É Q
I P O L I L L A D C A S L U
T E M A N T I S O H L C U I
A W T R L A N G O S T A L T
A P A V I S P Ó N C A R A O
C U C A R A C H A I M A G W
S P Í O J J J E A G O B U Í
A V I S P A B E J A N A S Z
M A R I Q U I T A R T J A O
G M V N U P V Q Q R E O N C
U P D H O R M I G A S N O Q
```

HORMIGA
ÁFIDO
ABEJA
ESCARABAJO
MARIPOSA
CIGARRA
CUCARACHA
LIBÉLULA
PULGA
SALTAMONTES
AVISPÓN
MARIQUITA
LARVA
LANGOSTA
MANTIS
MOSQUITO
POLILLA
TERMITA
AVISPA
GUSANO

42 - Astronomy

```
P Q J U G Z C O H E T E N Y
Q J D Q D U O E C L I P S E
E M F U C A S T E R O I D E
S Q H Y W M M E T E O R O M
H A W Y P Q O O C L K Í H P
N P T U J N S R R U R I T L
W B D É A S T R O N A U T A
N E B U L O S A C A D X Z N
L M E Q U I N O C C I O O E
L D P Y J Z T I I O A Í D T
Z T I E R R A E E X C M Í A
G A L A X I A A L X I M A H
A S T R Ó N O M O K Ó F C Í
S U P E R N O V A K N O O K
```

ASTEROIDE
ASTRONAUTA
ASTRÓNOMO
COSMOS
TIERRA
ECLIPSE
EQUINOCCIO
GALAXIA
METEORO
LUNA
NEBULOSA
PLANETA
RADIACIÓN
COHETE
SATÉLITE
CIELO
SUPERNOVA
ZODÍACO

43 - Pirates

```
M P S N T L M R Z N C L Í B
W D O A H C A P I T Á N B O
C U E V A W P Q D C Í I Z T
L I A S L K A N C L A S Q R
O E C T P Z B R Ú J U L A I
R T Y A M O N E D A S A V P
O T Í E T P E L I G R O E U
L E K S N R M A L O B B N L
C S B P Q D I T A S A H T A
R O N A U K A Z N X N P U C
W R I D X D X J H E D L R I
O O Í A M L Q P X M E A A Ó
R R I S Í W Q E F K R Y W N
I P O D K Q T E K Y A A K J
```

AVENTURA
ANCLA
MALO
PLAYA
CAPITÁN
CUEVA
MONEDAS
BRÚJULA
TRIPULACIÓN
PELIGRO

BANDERA
ORO
ISLA
LEYENDA
MAPA
LORO
RON
CICATRIZ
ESPADA
TESORO

44 - Time

```
C M T C B V Í M A Ñ A N A X
A C E I E X O R E B F N N M
L Q M D U P M I N U T O U X
E H P É I R M F O A A N A M
N Q R C O O M R K A N L L E
D J A A R N D R E L O J K S
A U N D H T L Í P P Y M P A
R T O Ñ O T R A V X W W Í
I Í G A F Í R X S E M A N A
O D Í A E D L B A N T E S R
Í N O C H E H O R A Z R I S
X F U T U R O A H O R A G I
F O L Y Q F Y P A O P E L Í
D W A F D R E C Y V Y X O H
```

ANUAL
ANTES
CALENDARIO
SIGLO
RELOJ
DÍA
DÉCADA
TEMPRANO
FUTURO
HORA

MINUTO
MES
MAÑANA
NOCHE
MEDIODÍA
AHORA
PRONTO
HOY
SEMANA
AÑO

45 - Buildings

```
O B S E R V A T O R I O L A
K V G R A N E R O C I Q A L
C A R P A T E M M X X C B B
G D H G V K P X V T L P O E
A M O E S C U E L A A C R R
R T T W C A B I N A D I A G
H E E M B A J A D A V N T U
A A L T M A S G M U S E O E
H T O R R E S T A D I O R Z
I R I V F Á B R I C A F I A
H O S P I T A L U L Í U O F
S B S F I D J X J C L I V V
A P A R T A M E N T O O I E
S U P E R M E R C A D O Q G
```

APARTAMENTO
GRANERO
CABINA
CASTILLO
CINE
EMBAJADA
FÁBRICA
HOSPITAL
ALBERGUE
HOTEL
LABORATORIO
MUSEO
OBSERVATORIO
ESCUELA
ESTADIO
SUPERMERCADO
CARPA
TEATRO
TORRE

46 - Herbalism

```
H A R O M Á T I C O K O P Q
I M G G L A V A N D A V L C
N A Z A F R Á N K W I E A U
O V Y E S T R A G Ó N R N L
J A R D Í N E J U D B D T I
O V N X Z I X O Y M F E A N
N V X P P M A L B A H A C A
S R O M E R O R É G A N O R
F A I N G R E D I E N T E I
R L B M A G E M E N T A P O
D B O O C V Y J L P R J C L
H L P R R Í G X I W T T W E
M E J O R A N A F L R A V E
B E N E F I C I O S O M G O
```

AROMÁTICO
ALBAHACA
BENEFICIOSO
CULINARIO
HINOJO
SABOR
FLOR
JARDÍN
AJO
VERDE

INGREDIENTE
LAVANDA
MEJORANA
MENTA
ORÉGANO
PEREJIL
PLANTA
ROMERO
AZAFRÁN
ESTRAGÓN

47 - Toys

```
E E O O Q K A R C I L L A F
A T G Q X F A V O R I T O A
S J R R N P T A M B O R E S
M T E A V I Ó N E H B C A B
Z U B D R O B O T Í O O B I
C W Ñ N R J A A A M L C P C
M X P E P E R P R C A H I I
V L S O C F Z B X C X E N C
M I B Í C A M I Ó N O S T L
N B J U E G O S B Z C H U E
A R T E S A N Í A V V H R T
R O M P E C A B E Z A S A A
L S K T R E N H Q G O T S R
I M A G I N A C I Ó N N A G
```

AVIÓN
BOLA
BICICLETA
BARCO
LIBROS
COCHE
AJEDREZ
ARCILLA
ARTESANÍA
MUÑECA
TAMBORES
FAVORITO
JUEGOS
IMAGINACIÓN
COMETA
PINTURAS
ROMPECABEZAS
ROBOT
TREN
CAMIÓN

48 - Vehicles

```
N E U M Á T I C O S C C K H
A U T O B Ú S S V K O A T E
A M B U L A N C I A H R K L
O E O P A B S O C M E A B I
Í T O T A X I O F S T V A C
C R L B O C P T V U E A L Ó
U O A I W R O E W B M N S P
M V N C F E R R Y M A A A T
S J Z I D Y M C C A V R X E
T R A C T O R C A R I P C R
Ç G D L O V Q J M I Ó C L O
C Y E E J C O V I N N X M V
N J R T Q V H E Ó O Z Q G Z
B Z A A H N C E N H W K M D
```

AVIÓN
AMBULANCIA
BICICLETA
BARCO
AUTOBÚS
COCHE
CARAVANA
FERRY
HELICÓPTERO
MOTOR

BALSA
COHETE
SCOOTER
LANZADERA
SUBMARINO
METRO
TAXI
NEUMÁTICOS
TRACTOR
CAMIÓN

49 - Flowers

```
A P L U M E R I A K C T U N
T U L I P Á N C N X V R T A
O R Q U Í D E A I J N É H R
L R A M O A V L Z Z V B I C
M A X Q O N P É T A L O B I
A A V H T E O N S S Í L I S
G I R A S O L D L I L A S O
N E I G N Z Í U C L K A C A
O I X I A D U L I R I O O M
L C Q G T R A A P E O N Í A
I A L Z D K I J A Z M Í N P
A N X G C O W T W V H R T O
G A R D E N I A A E Q F E L
N K O Í P A S I O N A R I A
```

RAMO
CALÉNDULA
TRÉBOL
NARCISO
MARGARITA
GARDENIA
HIBISCO
JAZMÍN
LAVANDA
LILA
LIRIO
MAGNOLIA
ORQUÍDEA
PASIONARIA
PEONÍA
PÉTALO
PLUMERIA
AMAPOLA
GIRASOL
TULIPÁN

50 - Town

M	R	S	T	C	U	Y	S	E	A	E	F	B	S
E	T	Q	E	L	I	B	R	E	R	Í	A	A	U
Z	G	I	A	Í	Í	B	Y	S	J	C	Y	N	P
U	I	K	T	N	R	B	P	C	V	B	G	C	E
P	N	B	R	I	F	M	I	H	I	H	A	O	R
A	V	I	O	C	J	Í	E	U	X	N	L	V	M
N	V	B	V	A	U	F	S	H	O	T	E	L	E
A	C	L	L	E	S	D	T	G	T	L	R	H	R
D	P	I	F	A	R	M	A	C	I	A	Í	M	C
E	X	O	B	Y	B	S	D	I	E	Z	A	U	A
R	O	T	J	Q	O	G	I	C	N	O	Y	S	D
Í	M	E	R	C	A	D	O	D	D	O	W	E	O
A	J	C	R	K	W	Q	J	A	A	U	X	O	U
Z	Í	A	E	S	C	U	E	L	A	D	B	K	J

PANADERÍA
BANCO
LIBRERÍA
CINE
CLÍNICA
GALERÍA
HOTEL
BIBLIOTECA
MERCADO
MUSEO
FARMACIA
ESCUELA
ESTADIO
TIENDA
SUPERMERCADO
TEATRO
UNIVERSIDAD
ZOO

51 - Antarctica

```
E N S E N A D A B S H M T M
R U M Y M E Q G A S I I E P
O B T E P Í L I H I E G M E
C E N T P Á V E Í C L R P N
O S B G S G J M A I O A E Í
S T O P O G R A F Í A C R N
O A G U A Í Í I R C G I A S
C I E N T Í F I C O V Ó T U
C O N T I N E N T E S N U L
C O N S E R V A C I Ó N R A
G L A C I A R E S B S S A C
G E O G R A F Í A E V L F U
E X P E D I C I Ó N B H A C
M I N E R A L E S A X M V S
```

BAHÍA
PÁJAROS
NUBES
CONSERVACIÓN
CONTINENTE
ENSENADA
EXPEDICIÓN
GEOGRAFÍA
GLACIARES
HIELO

ISLAS
MIGRACIÓN
MINERALES
PENÍNSULA
ROCOSO
CIENTÍFICO
TEMPERATURA
TOPOGRAFÍA
AGUA

52 - Ballet

```
C Z A M Ú S C U L O S J M I
O O R Ú C O M P O S I T O R
R V T S O R Q U E S T A L L
E H Í I T É C N I C A K D L
O A S C H Q G X N K B B B W
G B T A I N T E N S I D A D
R I I A P L A U S O K P I R
A L C W E B V M F T Í R L I
F I O E S T I L O Z O Á A T
Í D L E C C I O N E S C R M
A A G R A C I A D O W T I O
U D E X P R E S I V O I N Z
B A I L A R I N A F O C E D
A U D I E N C I A Í L A S F
```

APLAUSO
ARTÍSTICO
AUDIENCIA
BAILARINA
COREOGRAFÍA
COMPOSITOR
BAILARINES
EXPRESIVO
GESTO
AGRACIADO

INTENSIDAD
LECCIONES
MÚSCULOS
MÚSICA
ORQUESTA
PRÁCTICA
RITMO
HABILIDAD
ESTILO
TÉCNICA

53 - Human Body

```
B N C T Z H H P C N W I I J
A T A V B C O R A Z Ó N X I
R L B R Y F M Q R L L K R L
B C E V I X B T A R Í K G C
I U Z H P Z R R O D I L L A
L E A D E D O I M B P I E L
L L S B Q Q Y E A M I O G D
A L A L O D O C N G E L N W
M O N T R C I O D O R A L U
R B G X O E A D Í T N S C O
C E R E B R O O B Í A N N C
O R E J A K D M U M A N O M
Z S D Q Í J X I L I E O C Í
H U E S O S M A A V P D F J
```

TOBILLO
SANGRE
HUESOS
CEREBRO
BARBILLA
OREJA
CODO
CARA
DEDO
MANO

CABEZA
CORAZÓN
MANDÍBULA
RODILLA
PIERNA
BOCA
CUELLO
NARIZ
HOMBRO
PIEL

54 - Musical Instruments

```
P M W T M B A Q U E T A S T
X E I C L A R P A I A K A E
G D R Y R N N I T W M Z X I
O U P C Z J P D R R B F O X
N D I S U O Q U O B O E F V
G V A T Í S T B M L R Z Ó T
Y I N M A R I M B A I V N R
U O O L C R V Ó Ó V T N F O
F L A U T A R U N X Z R A M
G Í G S O J X A C X I K G P
V N F G J W D D P Í Y V O E
C L A R I N E T E C V B T T
V I O L O N C H E L O G Z A
P A N D E R E T A V E X U K
```

BANJO
FAGOT
VIOLONCHELO
CLARINETE
TAMBOR
BAQUETAS
FLAUTA
GONG
GUITARRA
ARPA
MANDOLINA
MARIMBA
OBOE
PERCUSIÓN
PIANO
SAXOFÓN
PANDERETA
TROMBÓN
TROMPETA
VIOLÍN

55 - Fruit

M	E	L	O	C	O	T	Ó	N	M	E	L	Ó	N
P	A	G	U	A	Y	A	B	A	F	Y	G	M	X
A	F	N	P	L	Á	T	A	N	O	C	U	V	S
P	Y	O	Z	M	R	P	Z	R	Q	J	K	N	B
A	A	L	B	A	R	I	C	O	Q	U	E	E	B
Y	U	Q	P	N	N	Ñ	K	I	W	I	A	C	A
A	U	H	I	G	O	A	J	Z	U	J	S	T	Y
D	C	O	C	O	P	U	V	A	B	Y	Í	A	A
E	E	Í	B	F	H	E	L	I	M	Ó	N	R	K
S	R	S	K	Í	T	R	R	M	F	B	U	I	C
N	E	H	X	L	B	I	H	A	K	Z	D	N	B
J	Z	T	O	B	A	M	A	O	K	R	F	A	W
H	A	A	G	U	A	C	A	T	E	C	Z	Q	F
F	R	A	M	B	U	E	S	A	P	I	R	N	E

MANZANA
ALBARICOQUE
AGUACATE
PLÁTANO
BAYA
CEREZA
COCO
HIGO
UVA
GUAYABA

KIWI
LIMÓN
MANGO
MELÓN
NECTARINA
PAPAYA
MELOCOTÓN
PERA
PIÑA
FRAMBUESA

56 - Virtues #1

```
A R T Í S T I C O H L G B B
I N T E L I G E N T E D I Q
C G R A C I O S O D F H E B
S U A P A S I O N A D O N E
G A R H I D P R Á C T I C O
Q K B I M A G I N A T I V O
F Í T I O P A C I E N T E D
N D C M O S I L D C W D T E
F I A B L E O W Z H O Ú Z C
I N D E P E N D I E N T E I
M O D E S T O I F Q L I K S
G E N E R O S O Z U Í L L I
E N C A N T A D O R R Z L V
L I M P I O E E C M N P V O
```

ARTÍSTICO
ENCANTADOR
LIMPIO
CURIOSO
DECISIVO
GRACIOSO
GENEROSO
BIEN
ÚTIL

IMAGINATIVO
INDEPENDIENTE
INTELIGENTE
MODESTO
APASIONADO
PACIENTE
PRÁCTICO
FIABLE
SABIO

57 - Kitchen

```
A S E R V I L L E T A G Í C
D R E F R I G E R A D O R O
P E C O M E R Í B R E Y B N
A S L T C Y C Y J R S C C G
L P J A Í D Y E S O P A T E
I O S Z N W R I T T E L C L
L N E A D T A S B A C D U A
L J H S U W A P J V I E C D
O A C O W G H L A C A R H O
S S T E N E D O R E S A I R
C O M I D A P A R R I L L A
C U C H A R A S A N M Y L A
F K D E H T A Z Ó N O B O E
H J Z O T A Z C J E B U S A
```

DELANTAL
TAZÓN
PALILLOS
TAZAS
COMIDA
TENEDORES
CONGELADOR
PARRILLA
TARRO
JARRA

CALDERA
CUCHILLOS
SERVILLETA
HORNO
RECETA
REFRIGERADOR
ESPECIAS
ESPONJA
CUCHARAS
COMER

58 - Art Supplies

```
A C U A R E L A S S P B Y C
D M E S A R C I L L A H R R
N N R B U A C A R B Ó N P E
X V Z K O J I G B P C A E A
S I L L A R D O O I A C G T
E L Á P I C E S R N B R A I
P A P E L W A C R T A Í M V
C Á M A R A S E A U L L E I
Z A G U A A M P D R L I N D
I L Y Í F C D I O A E C T A
T I N T A E V L R S T O O D
Í U K X D I S L M H E U F C
I P G L R T C O L O R E S B
M U H S C E I S X B R C D V
```

ACRÍLICO
CEPILLOS
CÁMARA
SILLA
CARBÓN
ARCILLA
COLORES
CREATIVIDAD
CABALLETE
BORRADOR

PEGAMENTO
IDEAS
TINTA
ACEITE
PINTURAS
PAPEL
LÁPICES
MESA
AGUA
ACUARELAS

59 - Science Fiction

```
T K C Q D A G R O B O T S M
E X T R E M O A P Q N C M C
C I M Q X O D E L H T I U L
N M I O P L Í J A A A N N O
O A S O L M E Z N Y X E D N
L G T R O A F U E G O I O E
O I E Á S L T U T O P Í A S
G N R C I Q I Ó A S H P I S
Í A I U Ó F F B M K T X L Í
A R O L N G F N R I S O U O
Í I S O L N L F U O C Í S N
K O O A C T P M I R S O I S
A S F U T U R I S T A O Ó Y
D I S T O P Í A P D E I N N
```

ATÓMICO
LIBROS
CINE
CLONES
DISTOPÍA
EXPLOSIÓN
EXTREMO
FUEGO
FUTURISTA
GALAXIA
ILUSIÓN
IMAGINARIO
MISTERIOSO
ORÁCULO
PLANETA
ROBOTS
TECNOLOGÍA
UTOPÍA
MUNDO

60 - Kindness

```
W  R  E  S  P  E  T  U  O  S  O  B  Í  A
E  G  E  N  U  I  N  O  U  Y  T  W  H  T
D  P  A  C  I  E  N  T  E  F  L  T  O  E
Q  L  I  O  E  S  U  A  V  E  E  O  S  N
A  Q  Z  M  O  P  Z  F  D  P  M  L  P  T
M  I  X  P  W  Ú  T  I  L  I  N  E  I  O
I  M  F  A  N  H  D  I  B  B  E  R  T  Z
S  F  H  S  P  E  J  C  V  H  F  A  A  O
T  G  H  I  F  U  E  C  V  O  I  N  L  N
O  J  N  V  K  P  D  Z  V  N  A  T  A  F
S  A  M  O  R  O  S  O  F  E  B  E  R  H
O  B  X  G  J  V  Í  J  I  S  L  B  I  R
W  G  E  N  E  R  O  S  O  T  E  D  O  Q
A  F  E  C  T  U  O  S  O  O  O  M  L  Y
```

AFECTUOSO
ATENTO
COMPASIVO
AMISTOSO
GENEROSO
SUAVE
GENUINO
FELIZ
ÚTIL

HONESTO
HOSPITALARIO
AMOROSO
PACIENTE
RECEPTIVO
FIABLE
RESPETUOSO
TOLERANTE

61 - Airplanes

```
C I E L O P H A G A L P S D
O T B Í M A É I G T J I Q I
M O T O R S L R S M Y L X S
B V Z Z H A I E I Ó D O W E
U M Z D H J C N X S T T H Ñ
S K W H E E U X F D O I O
T A A I P R S O K E E I D S
I V L S R O C P J R S W R Y
B E T T R I P U L A C I Ó N
L N I O U S U P Í U E Í G L
E T T R F R T T D R N F E F
M U U I H F A M P G S F N C
H R D A N L Q D G L O B O P
V A C O N S T R U C C I Ó N
```

AVENTURA
AIRE
ALTITUD
ATMÓSFERA
GLOBO
CONSTRUCCIÓN
TRIPULACIÓN
DESCENSO
DISEÑO
MOTOR
COMBUSTIBLE
ALTURA
HISTORIA
HIDRÓGENO
PASAJERO
PILOTO
HÉLICES
CIELO

62 - Ocean

```
A K M H X Z P T F A B F E M
R C A N G R E J O C T V M Í
R S R Y R U Í N E R F Ú D Q
E P E S C A D O S E T P N F
C M A E H G B D P F O U I T
I D S M S V C E O D R L G H
F M E D U S A L N Y M P E A
E R S H I T N F J I E O C T
O S T R A U G Í A W N C A I
X V R L V S U N R N T O M B
A L G A O R I D S B A R A U
Y F A X V C L S W O Z A R R
K Q X Í U X A B A P B L Ó Ó
B A L L E N A H T L G Í N N
```

ALGA
CORAL
CANGREJO
DELFÍN
ANGUILA
PESCADO
MEDUSA
PULPO
OSTRA
ARRECIFE
SAL
TIBURÓN
CAMARÓN
ESPONJA
TORMENTA
MAREAS
ATÚN
TORTUGA
BALLENA

63 - Birds

```
I  W  U  Í  E  A  C  P  Y  U  D  P  S  V
D  E  Z  Z  O  X  C  K  O  Y  C  Y  T  B
G  O  R  R  I  Ó  N  M  Z  L  G  M  J  C
D  X  G  L  U  U  H  O  A  T  Z  W  U  A
P  I  N  G  Ü  I  N  O  J  T  U  C  Á  N
W  A  V  E  S  T  R  U  Z  L  O  R  O  A
E  I  T  C  U  E  R  V  O  B  Z  U  P  R
F  C  H  O  Á  F  L  A  M  E  N  C  O  I
D  M  B  C  I  G  Ü  E  Ñ  A  V  U  L  O
E  E  E  I  R  H  U  E  V  O  R  C  L  Í
G  A  V  I  O  T  A  I  O  I  G  O  O  X
P  E  L  Í  C  A  N  O  L  C  I  S  N  E
T  G  J  P  A  V  O  R  E  A  L  R  K  Z
R  T  S  Í  G  A  N  S  O  G  A  R  Z  A
```

CANARIO
POLLO
CUERVO
CUCO
PATO
ÁGUILA
HUEVO
FLAMENCO
GANSO
GAVIOTA
GARZA
AVESTRUZ
LORO
PAVO REAL
PELÍCANO
PINGÜINO
GORRIÓN
CIGÜEÑA
CISNE
TUCÁN

64 - Art

```
V I S U A L P Í G A T S I C
F E B H T V I O C X E U N O
H O N E S T O F E L M R S M
E I Q H Í I X I R S A R P P
S S B D M X J G Á C Í E I O
O C C I B I H U M O R A R S
C R C U O K H R I M E L A I
T E I S L I D A C P T I D C
Q A R G O T Q T A L R S O I
F R R V I E U S C E A M B Ó
M T W O D N O R H J T O H N
P E R S O N A L A O A E W C
R R S E N C I L L O R S Z X
Q I E X P R E S I Ó N W W X
```

CERÁMICA
COMPLEJO
COMPOSICIÓN
CREAR
EXPRESIÓN
FIGURA
HONESTO
INSPIRADO
HUMOR
ORIGINAL

PERSONAL
POESÍA
RETRATAR
ESCULTURA
SENCILLO
TEMA
SURREALISMO
SÍMBOLO
VISUAL

65 - Nutrition

```
F C S C E U C T O X I N A E
E O A A Q S A L U D A B L E
R M B L U I L A S A L U D Y
M E O I I A O W P U N H X H
E S R D L P R H V E U Á M N
N T P A I H Í G A Y T B V K
T I R D B K A I L C R I I L
A B O P R Y S A U F I T T W
C L T E A M A R G O E O A O
I E E S D Q L N G O N S M V
Ó L Í O O W S U Y W T K I X
N M N V H F A R X E E V N N
I N A Z R Z I Q D I E T A Z
W A S D I G E S T I Ó N N Z
```

APETITO
EQUILIBRADO
AMARGO
CALORÍAS
DIETA
DIGESTIÓN
COMESTIBLE
FERMENTACIÓN
SABOR
HÁBITOS
SALUD
SALUDABLE
NUTRIENTE
PROTEÍNAS
CALIDAD
SALSA
TOXINA
VITAMINA
PESO

66 - Hiking

```
A C A N T I L A D O P C C N
S A L V A J E D K G A A A G
L J I B Í H K U D G R M N U
B I C D N P P U E Y Q P S Í
N A T U R A L E Z A U I A A
M N E H M A P A C Í E N D S
O I R P O B H Q D G S G O Í
N M B Í S L R P I E D R A S
T A L O Q U U E B A D T O F
A L M C U X S S I O G U S O
Ñ E R L I H M A L F T U Y D
A S O I T Y R D D Z R A A S
A W L M O X H O S C Y K S K
S O L A S V V S M V N Y K U
```

ANIMALES
BOTAS
CAMPING
ACANTILADO
CLIMA
GUÍAS
PESADO
MAPA
MOSQUITOS

MONTAÑA
NATURALEZA
PARQUES
PIEDRAS
CUMBRE
SOL
CANSADO
AGUA
SALVAJE

67 - Professions #1

```
Q A F G X C A Z A D O R V S
P B O Q E E M B A J A D O R
S A N G E Ó L O G O B N D X
N I T X J P S I C Ó L O G O
E L A M B I V E K D C S B D
N A N A C A R T Ó G R A F O
F R E R J N N E N F B S V C
E Í R I O I B Q D I U T K T
R N O N Y S J F U I N R U O
M P W E E T Y E Q E T E D R
E I T R R A C F B Q R O X R
R K Z O O Y M Ú S I C O R E
A S T R Ó N O M O H E G Z O
V U G E N T R E N A D O R S
```

EMBAJADOR
ASTRÓNOMO
BANQUERO
CARTÓGRAFO
ENTRENADOR
BAILARÍN
DOCTOR
EDITOR
GEÓLOGO

CAZADOR
JOYERO
MÚSICO
ENFERMERA
PIANISTA
FONTANERO
PSICÓLOGO
MARINERO
SASTRE

68 - Dinosaurs

```
P E S P E C I E I T K A W O
R R N G R A N D E A K L Z M
E E E O Q N Í F M M D A R N
S P O H R Y Z R C A E S K Í
A T F O I M H K R Ñ S M Q V
T I I Y Q S E Í B O A C F O
I L W A V B T N J O P A Ó R
E V O L U C I Ó N U A R S O
R A P T O R O N R S R N I H
R M A M U T E L D I I Í L I
A I T G I J F A A G C V E V
U X R R G B V V I C I O S O
K H E R B Í V O R O Ó R W F
P O D E R O S O P F N O N S
```

CARNÍVORO
DESAPARICIÓN
TIERRA
ENORME
EVOLUCIÓN
FÓSILES
HERBÍVORO
GRANDE
MAMUT
OMNÍVORO
PODEROSO
PREHISTÓRICO
PRESA
RAPTOR
REPTIL
TAMAÑO
ESPECIE
COLA
VICIOSO
ALAS

69 - Barbecues

```
V M X U A S V F U M N G C C
C E P A O K O J R E I Í Q U
F E R U V E B J P N Ñ F T C
A M N A F R U T A S O G O H
M F D A N E T F T A S C M I
I P O L L O U S E L A A A L
L A S V J L X A N A L L T L
I R R Q R D D M E D P I E O
A R M O C O M I D A H E S S
J I S V J U E G O S A N A F
F L H Í N M M O R Z M T L E
T L A F Y I C S E T B E S G
D A M Ú S I C A S Z R Z A X
V E R D U R A S S S E X K K
```

POLLO
NIÑOS
CENA
FAMILIA
COMIDA
TENEDORES
AMIGOS
FRUTA
JUEGOS
PARRILLA
CALIENTE
HAMBRE
CUCHILLOS
MÚSICA
ENSALADAS
SAL
SALSA
VERANO
TOMATES
VERDURAS

70 - Surfing

```
A Y V L V E L O C I D A D P
F R C L I M A P C G K Í O O
U O R B C Z C D O É K B Í P
E C E E U S D N A D A R R U
R I X Q C A M P E Ó N N B L
Z A S M C I S M L X P Q O A
A R X S H C F J J R E M O R
A T L E T A R E V C Z B A E
O U V S M U L T I T U D E S
H C Z P L A Y A W Í Í Z T T
G O L U D I V E R S I Ó N I
I P L M E X T R E M O M Z L
V H L A V Z E S T Ó M A G O
P R I N C I P I A N T E Í D
```

ATLETA
PLAYA
PRINCIPIANTE
CAMPEÓN
MULTITUDES
EXTREMO
ESPUMA
DIVERSIÓN
OCÉANO
REMO
POPULAR
ARRECIFE
VELOCIDAD
ROCIAR
ESTÓMAGO
FUERZA
ESTILO
NADAR
OLA
CLIMA

71 - Chocolate

```
C O M E R A Z C Q C B D N A
A R O M A M D A A A X E W N
C A C A O A Z R R L M L E T
V S A B O R Y A T O V I X I
O R C J S G C M E R Y C Ó O
N I K V C O D E S Í Q I T X
R B F C G O W L A A L O I I
D U L C E U C O N S U S C D
Q O I R A Z S O A L J O O A
C A L I D A D T L X E L E N
Q X W P F F A V O R I T O T
P R E C E T A Z Ú C A R O E
U T D C A C A H U E T E S M
I N G R E D I E N T E Y E P
```

ANTIOXIDANTE
AROMA
ARTESANAL
AMARGO
CACAO
CALORÍAS
CARAMELO
COCO
DELICIOSO
EXÓTICO

FAVORITO
SABOR
INGREDIENTE
CACAHUETES
CALIDAD
RECETA
AZÚCAR
DULCE
GUSTO
COMER

72 - Vegetables

```
A L C A C H O F A C P C J Í
M P B V Y J W R J H E A L X
A D I N A B O M E A P S J C
C E B O L L A T N L I G Z O
S O X D T C O O G O N U A L
B R Ó C O L I M I T O I N I
E C Z Q G I K A B E P S A F
R N W M X O M T R R P A H L
E W S E T A K E E Á E N O O
N K K A K I I N Í B R T R R
J N C A L A B A Z A E E I N
E S P I N A C A S N J U A I
N W E V U B D U I O I A P M
A J L C F D X A O Y L A H C
```

ALCACHOFA
BRÓCOLI
ZANAHORIA
COLIFLOR
APIO
PEPINO
BERENJENA
AJO
JENGIBRE
SETA

CEBOLLA
PEREJIL
GUISANTE
CALABAZA
RÁBANO
ENSALADA
CHALOTE
ESPINACAS
TOMATE
NABO

73 - Boats

```
C U E R D A Y B K Í K N X V
V J G O L A G O A T Y K J E
H S Y Q W R S Y Y V P F C L
N Á U T I C O A A M A R A E
S R V O H R W H K A Y Q N R
C M G O D P Í L L R A X C O
L A G J L H V O I T Z L G
Y R N K Q A A X H N E T A S
T E N O K Í S R F E R R Y N
W A X Í A B M O M R W L W U
B A L S A S D G Í O Y V G M
V B Z O C É A N O M O T O R
T R I P U L A C I Ó N L H P
W M Á S T I L G C L O N D N
```

ANCLA
BOYA
CANOA
TRIPULACIÓN
MOTOR
FERRY
KAYAK
LAGO
MÁSTIL
NÁUTICO
OCÉANO
BALSA
RÍO
CUERDA
VELERO
MARINERO
MAR
MAREA
OLAS
YATE

74 - Activities and Leisure

```
Q A H T O A Í Í T N Z C O R
X J R S E N D E R I S M O E
M E S T M N A T A C I Ó N L
A H M Y E V I A J E B B P A
F L O H J S P S J Í É A I J
I Ú C A R R E R A S I L N A
C V T A W L S B R U S O T N
I O Í B G N C U D R B N U T
O L T O O A A C I F O C R E
N E Í X L L B E N C L E A V
E I V E F Í D O E A Q S J Z
S B I O N O S Z R W O T X N
C O W Í A G Í A Í D S O E O
Z L Z X Y C Z C A M P I N G
```

ARTE
BÉISBOL
BALONCESTO
BOXEO
CAMPING
BUCEO
PESCA
JARDINERÍA
GOLF
SENDERISMO

AFICIONES
PINTURA
CARRERAS
RELAJANTE
FÚTBOL
SURF
NATACIÓN
TENIS
VIAJE
VOLEIBOL

78 - Mythology

```
Q C G J F I S U D I M C C M
L R U V R T R U E N O R R O
C I E L O H Q V I M N E E R
I A R E T H S E D O S A E T
A T R Y I U O N A R T C N A
R U E E N K R G D T R I C L
Q R R N U M F A E A U Ó I C
U A O D E X V N S L O N A Í
E F C A A T S Z P I P W S A
T W U E X Y Í A T D R A Y O
I Í X E L J D E S A S T R E
P I P B R O D U E D Y U D B
O E V Z G Z S G G H É R O E
C X D U R L A B E R I N T O
```

ARQUETIPO
CREENCIAS
CREACIÓN
CRIATURA
CULTURA
DEIDADES
DESASTRE
CIELO
HÉROE
INMORTALIDAD
CELOS
LABERINTO
LEYENDA
RAYO
MONSTRUO
MORTAL
VENGANZA
FUERZA
TRUENO
GUERRERO

77 - Emotions

```
P A Z E S A L E G R Í A S L
T B V Q M I A L I V I O A J
E U E E V O M F R W N N T U
R R B L R O C P A A Z B I W
N R B T F G C I A E V O S C
U I E I E S O G O T D N F Z
R M A M O R N N H N Í D E S
A I T R I S T E Z A A A C O
M E I V P R E Z F A L D H R
I N T Y H E N T H K D O O P
E T U M Y B I N S Í Z O J R
D O D V X A D C A L M A H E
O S D O V T O P O Y R J Y S
A G R A D E C I D O X L J A
```

IRA
BEATITUD
ABURRIMIENTO
CALMA
CONTENIDO
AVERGONZADO
EMOCIONADO
MIEDO
AGRADECIDO
ALEGRÍA

BONDAD
AMOR
PAZ
ALIVIO
TRISTEZA
SATISFECHO
SORPRESA
SIMPATÍA
TERNURA

76 - Professions #2

```
O I A W Í K K D P X Z F I I
V U S R H N Z W E U O O N L
C M T J M M O V R D Ó T G U
A L R A C M M D I E L Ó E S
O E O R P D W É O N O G N T
S F N D I E M Y D T G R I R
C I A I N T B K I I O A E A
P L U N T E J I S S C F R D
I Ó T E O C M E T T F O O O
L S A R R T C Z A A L V Z R
O O B O L I N G Ü I S T A N
T F O S E V I N V E N T O R
O O J D Z E H B I Ó L O G O
C I R U J A N O L I D M G S
```

ASTRONAUTA
BIÓLOGO
DENTISTA
DETECTIVE
INGENIERO
JARDINERO
ILUSTRADOR
INVENTOR
PERIODISTA
LINGÜISTA
PINTOR
FILÓSOFO
FOTÓGRAFO
MÉDICO
PILOTO
CIRUJANO
ZOÓLOGO

75 - Driving

```
S M O T O C I C L E T A S B
E U U V E H V P D D I O V O
G A S C C A R R E T E R A Y
U H B Z A D T L V L L F D M
R A C C I D E N T E I S E A
I P E A T O N A L W C G C P
D O T Ú N E L P T L E F R A
A L C A J F P T R X N H F O
D I A C O C H E Á M C P R U
G C M K O M U M F Q I M E M
V Í I V E L O C I D A D N G
P A Ó M E Z Q T C H R F O Q
V M N O Z M F P O G M U S Í
W J B Í Q Z U G A R A J E R
```

ACCIDENTE
FRENOS
COCHE
PELIGRO
GARAJE
GAS
LICENCIA
MAPA
MOTOR

MOTOCICLETA
PEATONAL
POLICÍA
CARRETERA
SEGURIDAD
VELOCIDAD
TRÁFICO
CAMIÓN
TÚNEL

79 - Hair Types

```
D E L G A D A T S W B U F L
B R M A R R Ó N R U L Q N V
B R I L L A N T E E A Z Í Q
P C O L O R E A D O N V M B
L A R G O Í G M L P C Z E I
C A L V O U R V O N O U A E
F N B S R O O R P Z T A Y S
G A W Í O N T R E N Z A D O
R G R I S D G O J Y Q M P R
B U T F E U R R I Z O S C I
L R B S A L U D A B L E O Z
Q C M I L A E V R L N C R A
C X F J O D S S D B B O T D
Q H S P P O O M D P X V O O
```

CALVO
NEGRO
RUBIO
TRENZADO
TRENZAS
MARRÓN
COLOREADO
RIZOS
RIZADO
SECO

GRIS
SALUDABLE
LARGO
BRILLANTE
CORTO
SUAVE
GRUESO
DELGADA
ONDULADO
BLANCO

80 - Furniture

```
E S T A N T E S D M D Z X L
T V W H J B A N C O S E P Á
G E S F O Í R X N O O S F M
C U H U S L M F E V F C C P
C O R T I N A S S U Á R S A
Ó O P Ó L M R B T I S I D R
M H J N L U I E A O Í T C A
O X A I Ó L O S N X O O O L
D F M M N Í P P T V N R L M
A Y V T A E S E E N I I C O
S I L L A C S J R B R O H H
C A M A U T A O Í O Í E Ó A
I A L F O M B R A Í L B N D
E D R E D O N E S S L F D A
```

SILLÓN
ARMARIO
CAMA
BANCO
ESTANTERÍA
SILLA
EDREDONES
SOFÁ
CORTINAS
COJINES
ESCRITORIO
CÓMODA
FUTÓN
HAMACA
LÁMPARA
COLCHÓN
ESPEJO
ALMOHADA
ALFOMBRA
ESTANTES

81 - Garden

```
T J G W G C N A V A L L A R
S E A K H H Y R H R O Y M A
E M R R P U J B K N G R A S
O P A R D L H U E R T O N T
Z T J P A Í U S F Q X F G R
B F E Y O Z N T V H U O U I
E Á Y Í R I A O K I T B E L
T R A M P O L Í N E D B R L
U B D E O Z Z C Y R J A A O
Y O N V R A X D N B S N I R
F L O R C D M V L A G C L W
P A L A H H A M A C A O P Y
P H A Y E E S T A N Q U E G
E D F Z G H C É S P E D K I
```

BANCO
ARBUSTO
VALLA
FLOR
GARAJE
JARDÍN
HIERBA
HAMACA
MANGUERA
CÉSPED
HUERTO
ESTANQUE
PORCHE
RASTRILLO
PALA
TERRAZA
TRAMPOLÍN
ÁRBOL
VID

82 - Birthday

Y	D	Z	P	A	B	A	M	P	B	Í	N	A	J
D	D	P	C	A	L	E	N	D	A	R	I	O	O
X	W	K	H	D	G	S	P	T	U	S	K	T	V
S	A	B	I	D	U	R	Í	A	H	E	T	V	E
C	T	A	R	J	E	T	A	S	I	R	S	E	N
D	I	V	E	R	S	I	Ó	N	A	C	E	R	L
A	K	F	M	Q	J	Y	C	A	N	C	I	Ó	N
Ñ	G	S	J	F	E	L	I	Z	L	V	O	Q	X
O	T	I	E	M	P	O	D	F	V	E	L	A	S
A	P	R	E	N	D	E	R	Z	P	G	G	J	V
C	E	L	E	B	R	A	C	I	Ó	N	T	R	Í
I	N	V	I	T	A	C	I	O	N	E	S	M	E
R	E	G	A	L	O	N	T	D	Í	A	U	V	T
W	D	Y	P	E	S	P	E	C	I	A	L	S	Í

NACER
PASTEL
CALENDARIO
VELAS
TARJETAS
CELEBRACIÓN
DÍA
DIVERSIÓN
REGALO
GRAN

FELIZ
INVITACIONES
ALEGRE
CANCIÓN
ESPECIAL
TIEMPO
APRENDER
SABIDURÍA
AÑO
JOVEN

83 - Adjectives #1

```
A F F W P V M H K G I Í T R
R T K F C D R O S C U R O D
O H R I M X J N L F E L I Z
M E D A A A O E E Q H E V S
Á R E M C R S S N G B A Q B
T M L B E T Y T T E Z H O N
I O G I X Í I O O N K J E Í
C S A C Ó S D V P E S A D O
O A D I T T É Z O R Ú Z B U
Q L A O I I N J M O B T Q J
F Í S C C T H F S E R I O
H N I O O O I I H O P C T L
Q Q M V W T C M O D E R N O
T Q M A B S O L U T O K I T
```

ABSOLUTO
AMBICIOSO
AROMÁTICO
ARTÍSTICO
ATRACTIVO
HERMOSA
OSCURO
EXÓTICO
GENEROSO
FELIZ
PESADO
ÚTIL
HONESTO
IDÉNTICO
MODERNO
SERIO
LENTO
DELGADA

84 - Rainforest

```
I N S E C T O S I B P V D A
F P D Í L H W A N I I M I N
T Z I T I G R T D B Q M V F
M N X P M X M C Í N H U E I
S E L V A F Z G G A H S R B
L B R Z R E S P E T O G S I
V A L I O S O D N U H O I O
M M Q S Í P Á J A R O S D S
C O M U N I D A D A V Z A N
B O T Á N I C O K L L P D U
T L N U M A M Í F E R O S B
E S P E C I E V N Z E L C E
W R E F U G I O I A C J O S
P R E S E R V A C I Ó N T L
```

ANFIBIOS
PÁJAROS
BOTÁNICO
CLIMA
NUBES
COMUNIDAD
DIVERSIDAD
INDÍGENA
INSECTOS

SELVA
MAMÍFEROS
MUSGO
NATURALEZA
PRESERVACIÓN
REFUGIO
RESPETO
ESPECIE
VALIOSO

85 - Technology

```
E E N A L T V V B X S X V I
E V F A Í N F P Y K C O A A
S I V U V P A N T A L L A D
E R I W E E M S E W L B S A
G T R O T N G X S A D D O R
U U U X S X T A V Í Z A F C
R A S S R X D E D Q W T T H
I L M E N S A J E O R O W I
D C U R S O R B P K R S A V
A D I G I T A L L L Z W R O
D D K C Á M A R A O B A E N
I N T E R N E T E Y G K V N
I N V E S T I G A C I Ó N S
E S T A D Í S T I C A S I I
```

BLOG
NAVEGADOR
BYTES
CÁMARA
CURSOR
DATOS
DIGITAL
ARCHIVO
FUENTE
INTERNET
MENSAJE
INVESTIGACIÓN
PANTALLA
SEGURIDAD
SOFTWARE
ESTADÍSTICAS
VIRTUAL
VIRUS

86 - Landscapes

```
R L A G O I C E B E R G G M
V A L L E P R P G Q H G L L
R X T S G E F Í X A B P A Z
V O L C Á N Í W O K J L C H
D C L U F Í R L A P U A I C
P É G E K N P F P M V Y A U
G A S V O S B M A R Z A R S
É N Q A Í U C O Í O C G Q R
I O T C O L I N A I A G P G
S H I E Q A I T S U S S Y A
E T U N D R A A Z A C L I Q
R K T D M K M Ñ J X A F A S
P A N T A N O A Q A D Y N R
D E S I E R T O L K A V O I
```

PLAYA
CUEVA
DESIERTO
GÉISER
GLACIAR
COLINA
ICEBERG
ISLA
LAGO
MONTAÑA
OASIS
OCÉANO
PENÍNSULA
RÍO
MAR
PANTANO
TUNDRA
VALLE
VOLCÁN
CASCADA

87 - Visual Arts

```
O P P F A T C O H D Í X H Í
B E E O N R E T R A T O A Í
R R L T Z J C E R Á M I C A
A S Í O H A P I N T U R A R
M P C G M R N M L Z Z S N Q
A E U R W T X X Z L W Q P U
E C L A T I Z A R L A Z L I
S T A F E S C U L T U R A T
T I T Í D T N C A R B Ó N E
R V C A B A L L E T E C T C
A A U P F L Á P L U M A I T
C E R A U U P P I N Y U L U
C O M P O S I C I Ó N C L R
O P D Q D E Z H C Y T Í A A
```

ARQUITECTURA
ARTISTA
CERÁMICA
TIZA
CARBÓN
ARCILLA
COMPOSICIÓN
CABALLETE
PELÍCULA
OBRA MAESTRA
PINTURA
PLUMA
LÁPIZ
PERSPECTIVA
FOTOGRAFÍA
RETRATO
ESCULTURA
PLANTILLA
CERA

88 - Plants

```
F L O R A F X Z F B T M U C
R R O S E O J S I P A U H A
I K A G Á L B A K O L S H C
J E X Z R L U V R C L G Z T
O J J S B A M B Ú D O O K U
L Q A X O J Í E Y C Í P H S
H R U V L E A Z Í D Q N I S
I F E R T I L I Z A N T E P
E S P R M B X O A B Z W D A
R B É N S C G Í F A F N R M
B O T Á N I C A X Y N L A Y
A R A R B U S T O A S D O H
U R L E Q B V B O S Q U E R
X F O V E G E T A C I Ó N G
```

BAMBÚ
FRIJOL
BAYA
BOTÁNICA
ARBUSTO
CACTUS
FERTILIZANTE
FLORA
FLOR
FOLLAJE
BOSQUE
JARDÍN
HIERBA
HIEDRA
MUSGO
PÉTALO
RAÍZ
TALLO
ÁRBOL
VEGETACIÓN

89 - Countries #2

```
U B H Q A U G A N D A L J L
R B N Z Z Z R K W S Q Í O I
H N V E Í Í E K F X P B B B
H E S U Y Q C R T B H A B E
H P C M É X I C O S A N Q R
H A I T Í J A P Ó N J O J I
A L B A N I A S O M A L I A
P A K I S T Á N S S K A Í R
N O G P N Í X S U I O H I U
O S S G X I H Z D R Y E V S
J A M A I C A D Á I Q M J I
U C R A N I A C N A J X A A
D I N A M A R C A H E S V X
N I G E R I A E T I O P Í A
```

ALBANIA
DINAMARCA
ETIOPÍA
GRECIA
HAITÍ
JAMAICA
JAPÓN
LAOS
LÍBANO
LIBERIA
MÉXICO
NEPAL
NIGERIA
PAKISTÁN
RUSIA
SOMALIA
SUDÁN
SIRIA
UGANDA
UCRANIA

90 - Ecology

```
D C U M B O M F Í G T V F Í
T I L M N P L A N T A S F V
Z N V I R E C U R S O S J T
N H J E M Z L N Í I L Q B Í
S K W W R A G A X M N O A U
O O J S C S E Q U Í A O D X
H P T P O I I E S P E C I E
F L O R A P U D P B W J Z G
M S V R E N F N A T U R A L
H Á B I T A T T N D X Z C O
L Í L A O M O N T A Ñ A S B
T C T V E G E T A C I Ó N A
J Í I S O S T E N I B L E L
P T Y I I V X M O N X Z S J
```

CLIMA
DIVERSIDAD
SEQUÍA
FAUNA
FLORA
GLOBAL
HÁBITAT
MARINO
PANTANO
MONTAÑAS
NATURAL
PLANTAS
RECURSOS
ESPECIE
SOSTENIBLE
VEGETACIÓN

91 - Adjectives #2

```
S O M N O L I E N T O D O I
P R O D U C T I V O F E R N
K I C H N U E V O N A S G T
F S A L U D A B L E M C U E
U S A L V A J E C F O R L R
E L E G A N T E A Z S I L E
R S E C O A T K L G O P O S
T Í S N P T M B I K B T S A
E E T V D U A T E T F I O N
T H A M B R I E N T O V C T
Í Í I T B A M Y T W P O I E
L C M C Z L C R E A T I V O
C S A L A D O D O T A D O Z
A U T É N T I C O J V X C P
```

AUTÉNTICO
CREATIVO
DESCRIPTIVO
SECO
ELEGANTE
FAMOSO
DOTADO
SALUDABLE
CALIENTE
HAMBRIENTO

INTERESANTE
NATURAL
NUEVO
PRODUCTIVO
ORGULLOSO
SALADO
SOMNOLIENTO
FUERTE
SALVAJE

92 - Math

```
P Y S E G T P Á P P D A S F
E A G C Z Q L N O A I I R R
R T R U Z O O G L R Á R M A
Í R E A E T T U Í A M D E C
M I C C L C L L G L E I T C
E Á T I N E L O O E T V R I
T N Á Ó Ú X L S N L R I Í Ó
R G N N M P D O O O O S A N
O U G G E O Y E G G V I R H
Y L U Y R N I B C R Y Ó A F
J O L F O E A Y Y I A N D U
P V O M S N Í T Y V M M I H
F X A R I T M É T I C A O V
E G E O M E T R Í A L Y L X
```

ÁNGULOS
ARITMÉTICA
DECIMAL
DIÁMETRO
DIVISIÓN
ECUACIÓN
EXPONENTE
FRACCIÓN
GEOMETRÍA
NÚMEROS
PARALELO
PARALELOGRAMO
PERÍMETRO
POLÍGONO
RADIO
RECTÁNGULO
SIMETRÍA
TRIÁNGULO

93 - Water

E	I	M	D	U	C	H	A	G	P	J	H	F	J
I	V	N	I	B	G	H	I	I	É	T	M	L	G
N	U	A	C	Z	R	U	L	E	A	I	B	P	E
U	E	H	P	T	H	M	G	O	L	A	S	K	D
N	H	E	H	O	U	E	P	N	D	O	O	E	T
D	C	L	Ú	L	R	D	M	O	N	Z	Ó	N	R
A	A	A	M	A	A	A	L	L	L	U	V	I	A
C	N	D	E	G	C	D	C	Z	M	K	P	E	I
I	A	A	D	O	Á	V	R	I	D	V	O	V	Q
Ó	L	O	O	Z	N	A	K	F	Ó	Z	T	E	S
N	R	I	E	G	O	P	O	U	H	N	A	V	I
O	C	É	A	N	O	O	T	A	U	Z	B	M	E
X	U	T	A	Z	D	R	Í	O	S	R	L	B	V
Q	Y	Y	T	L	N	Í	K	C	L	Z	E	R	S

CANAL
HÚMEDO
POTABLE
EVAPORACIÓN
INUNDACIÓN
HELADA
GÉISER
HUMEDAD
HURACÁN
HIELO

RIEGO
LAGO
MONZÓN
OCÉANO
LLUVIA
RÍO
DUCHA
NIEVE
VAPOR
OLAS

94 - Activities

```
S R E L A J A C I Ó N F W Q
C E R Á M I C A V M G O Z D
A A N L E C T U R A L T D Í
M C Z D P D A N L G G O U C
P T N A E A B R I I E G G N
I I H Q S R A C T A X R J H
N V K R C T I O D E H A U A
G I Z F A E L S J H W F E B
Í D D B R S E T M K P Í G I
L A O R Í A A U H O L A O L
S D X Z I N J R P G A C S I
X P Z R B Í L A Z O C I O D
M I V G J A R D I N E R Í A
I N T E R E S E S K R R V D
```

ACTIVIDAD
ARTE
CAMPING
CERÁMICA
ARTESANÍA
BAILE
PESCA
JUEGOS
JARDINERÍA
SENDERISMO

CAZA
INTERESES
OCIO
MAGIA
FOTOGRAFÍA
PLACER
LECTURA
RELAJACIÓN
COSTURA
HABILIDAD

95 - Literature

```
Z N A N A L O G Í A E L P Í
C O N C L U S I Ó N S B O T
H V A N É C D O T A T Z E C
D E R I M A H V K R I T M O
Z L R U E U O Í K H L F A M
F A A U T O R C N R O T T P
Í S D T Á B I O G R A F Í A
D E O E F I C C I Ó N W D R
Í I R M O R Í I Q C Á I T A
D H Á A R I N Q N O L I Q C
U A B L A F Í L X W I M C I
N H J P O É T I C O S U Q Ó
D I R H B G N V H P I Í I N
Z P Z J F B O R H V S E Z K
```

ANALOGÍA
ANÁLISIS
ANÉCDOTA
AUTOR
BIOGRAFÍA
COMPARACIÓN
CONCLUSIÓN
DIÁLOGO
FICCIÓN

METÁFORA
NARRADOR
NOVELA
POEMA
POÉTICO
RIMA
RITMO
ESTILO
TEMA

96 - Geography

```
M T C D Q X I I Z A F I H A
E E I R J Y S U R N C O E L
R R U E B M L R Í O O E M T
I R D G I O A O I R N S I I
D I A I C N M R Z T T T S T
I T D Ó A T L A S E I E F U
A O L N K A A O P R N O E D
N R H Í M Ñ T C O A E H R O
O I Y Z D A I É R I N P I W
O O N V Í Y T A B C T X O R
P J F I H K U N L O E G V S
O A Z P W L D O S L Í R H U
P F Í D I A Q P O X V Z D V
E F Y S M U N D O W I G Í O
```

ALTITUD
ATLAS
CIUDAD
CONTINENTE
PAÍS
HEMISFERIO
ISLA
LATITUD
MAPA
MERIDIANO

MONTAÑA
NORTE
OCÉANO
REGIÓN
RÍO
MAR
SUR
TERRITORIO
OESTE
MUNDO

97 - Pets

```
X R U P D U J F Y F P L H T
C S Z V E T E R I N A R I O
O A A H X R E L R O T C R R
L A C E W N R V A C A O A T
L G O H L B F O C A S R T U
A U M Á O Í H Q O B O R Ó G
R A I M R R L O L R X E N A
E L D S O C R T A A K A H T
Z G A T O D O O G A T I T O
D T E E V N Y N E V G B F B
I A A R P F M Y E Y V Y V L
L A G A R T O I N J C P V K
P E S C A D O J Q P O M X V
Y J Q Q D R T W D K T A L Q
```

GATO
COLLAR
VACA
PERRO
PESCADO
COMIDA
CABRA
HÁMSTER
GATITO
CORREA

LAGARTO
RATÓN
LORO
PATAS
CACHORRO
CONEJO
COLA
TORTUGA
VETERINARIO
AGUA

98 - Nature

```
B O S Q U E S E R E N O N N
E Á A O V K Z S R G G V U I
L R N Z H B T K P O F W B E
L T T G L A C I A R S D E B
E I U Í G J C I P R P I S L
Z C A Y N Y G L C Z Q N Ó A
A O R A N I M A L E S Á E N
R V I T A L J N U Y P M O F
Í J O Í B G P A C Í F I C O
O N Í A B E J A S M T C S L
A C A N T I L A D O S O G L
D E S I E R T O Q A Z T K A
U D Í M K T R O P I C A L J
K D W M U A L S A L V A J E
```

ANIMALES
ÁRTICO
BELLEZA
ABEJAS
ACANTILADOS
NUBES
DESIERTO
DINÁMICO
EROSIÓN
NIEBLA

FOLLAJE
BOSQUE
GLACIAR
PACÍFICO
RÍO
SANTUARIO
SERENO
TROPICAL
VITAL
SALVAJE

99 - Championship

```
J U E G O S B Í H I O F L M
D E P O R T E S H C P A I O
Z D E N T R E N A D O R G T
R V I C T O R I A Y A E A I
E J N P G D R Z P E F S Y V
N U X M Y Í R N Í T M P O A
D E R E S I S T E N C I A C
I Z U F P T T O E O P R E I
M C A M P E Ó N V Q P A O Ó
I F I N A L I S T A U R C N
E S T R A T E G I A W I D Y
N C A M P E O N A T O C P P
T R A N S P I R A C I Ó N O
O Y M E D A L L A G A Y R F
```

CAMPEÓN
CAMPEONATO
ENTRENADOR
RESISTENCIA
FINALISTA
JUEGOS
JUEZ
LIGA
MEDALLA

MOTIVACIÓN
RENDIMIENTO
TRANSPIRACIÓN
DEPORTES
ESTRATEGIA
EQUIPO
RESPIRAR
TORNEO
VICTORIA

100 - Vacation #2

```
O N A P D V I A J E O T Z H
T M C Z A E R O P U E R T O
W A M U A P S E I R W A P T
R R X H G O T T I Z K N A E
T Í A I W M J X I P K S S L
M O N T A Ñ A S Í N R P A T
V A C A C I O N E S O O P R
C A R P A R C C N G M R O E
X D Y X K V I S A T D T R N
U W E Í S F O J N M Z E T I
I S L A B G Z B I Z P G E Q
R E S T A U R A N T E I O P
E X T R A N J E R O G L N R
P L A Y A M A P A W J G M G
```

AEROPUERTO
PLAYA
CAMPING
DESTINO
EXTRANJERO
VACACIONES
HOTEL
ISLA
VIAJE
OCIO
MAPA
MONTAÑAS
PASAPORTE
RESTAURANTE
MAR
TAXI
CARPA
TREN
TRANSPORTE
VISA

1 - Food #1

2 - Castles

3 - Exploration

4 - Measurements

5 - Farm #2

6 - Books

7 - Meditation

8 - Days and Months

9 - Chess

10 - Food #2

11 - Family

12 - Farm #1

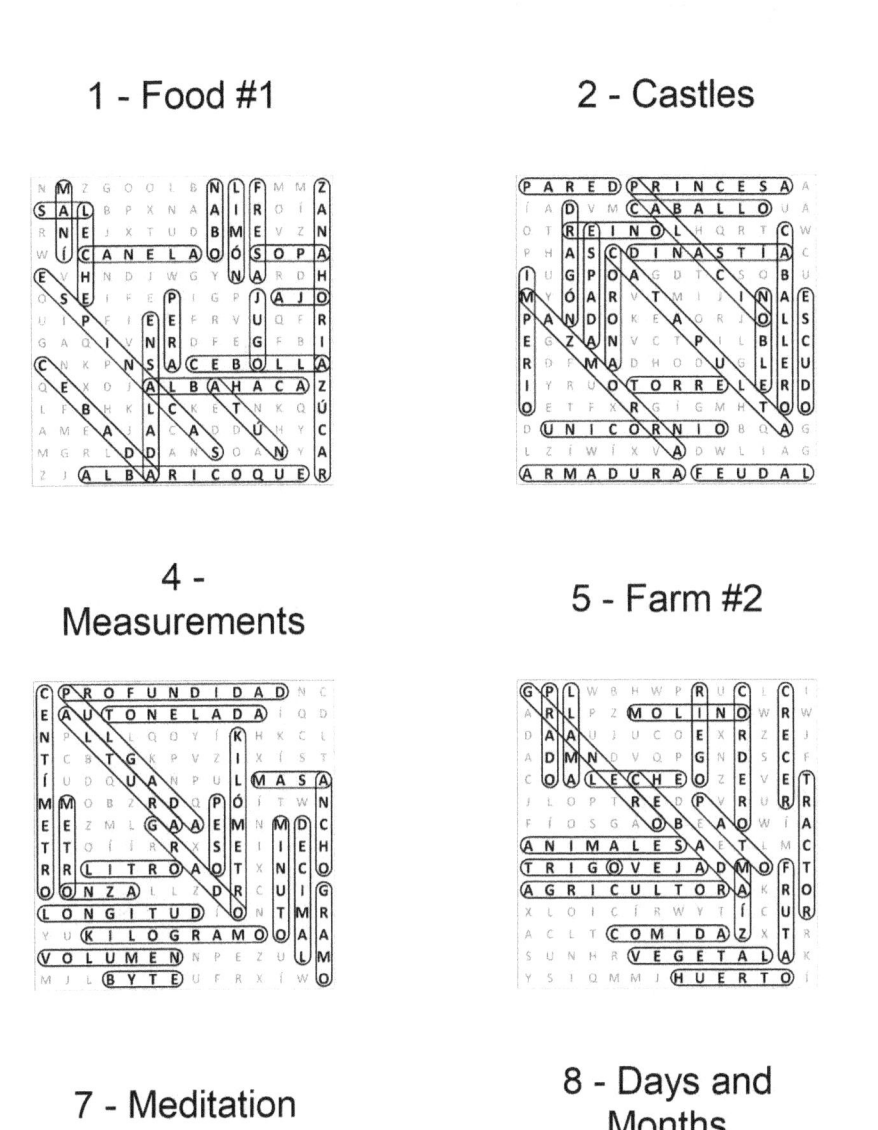
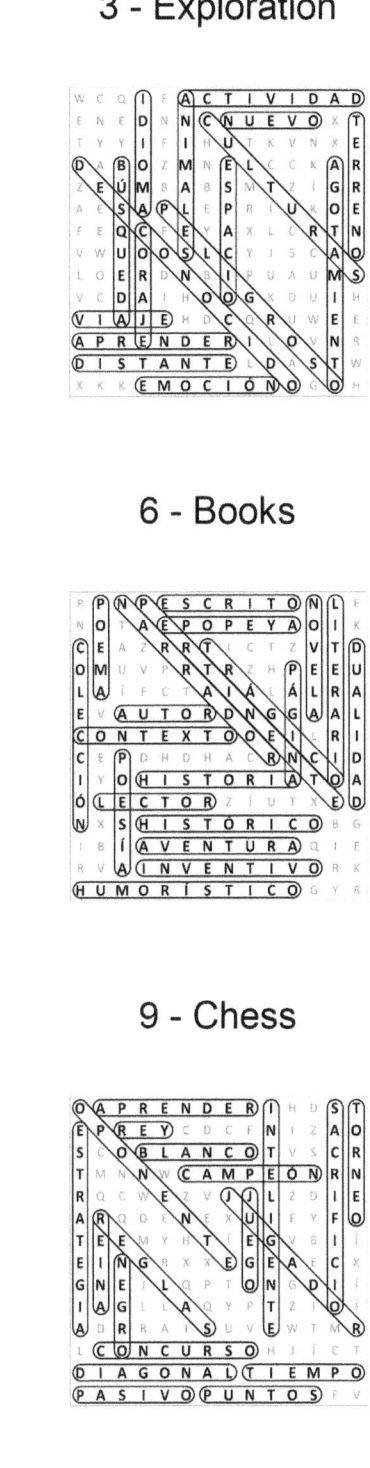
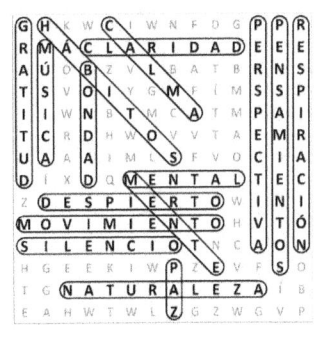
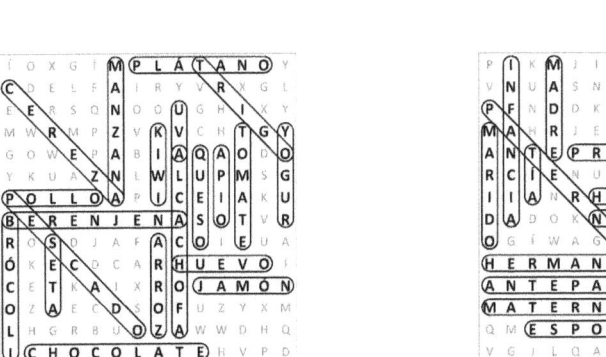
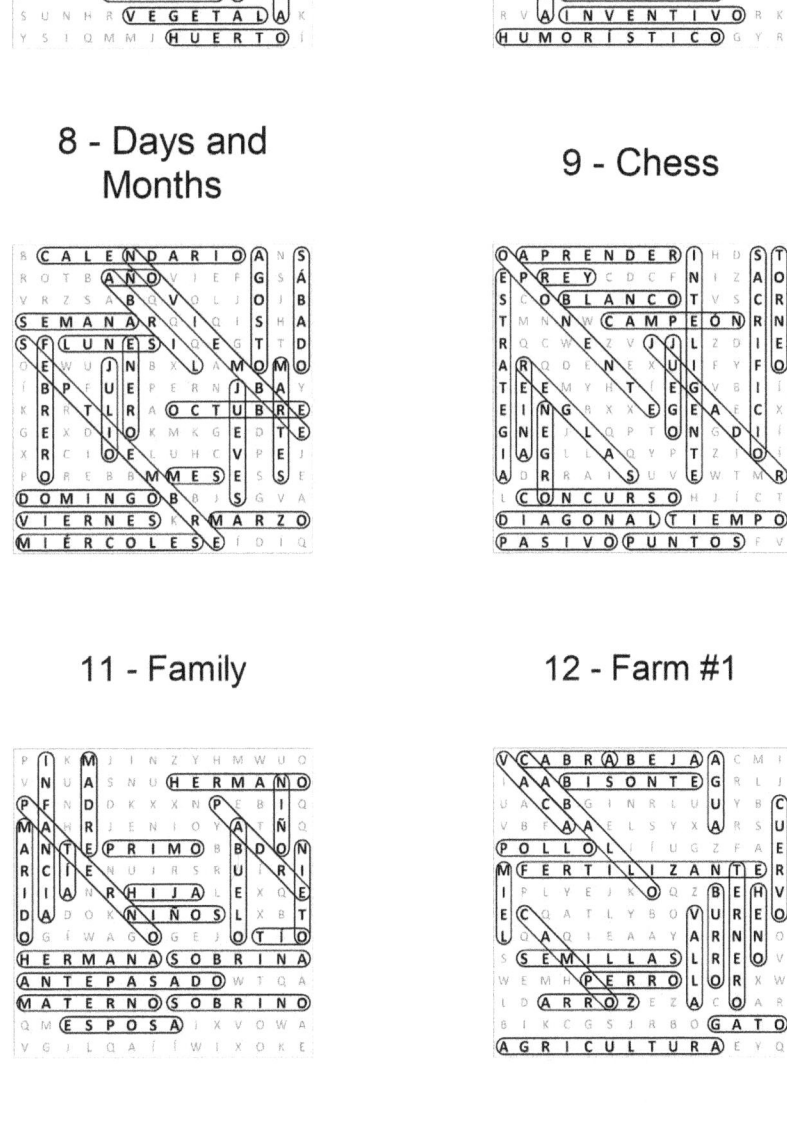

13 - Camping
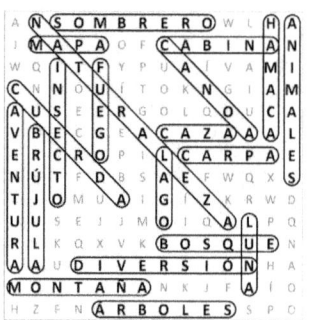

14 - Conservation

15 - Cats
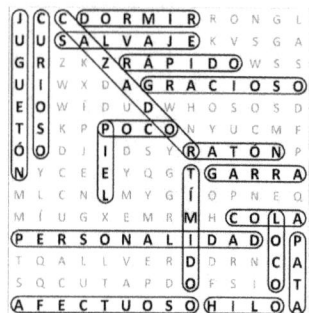

16 - Numbers
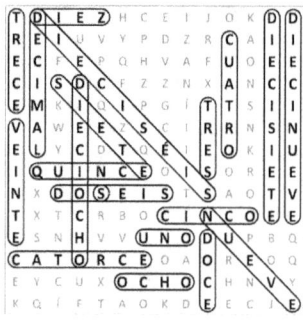

17 - Spices
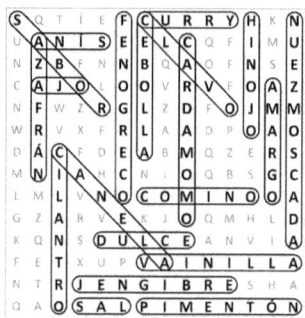

18 - Mammals
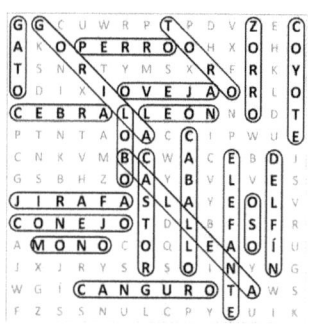

19 - Fishing
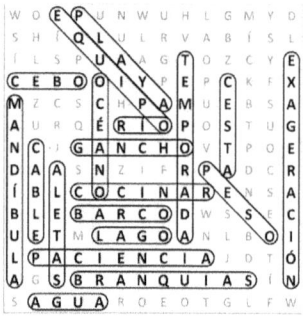

20 - Restaurant #1
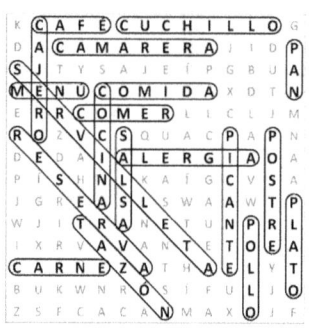

21 - Bees
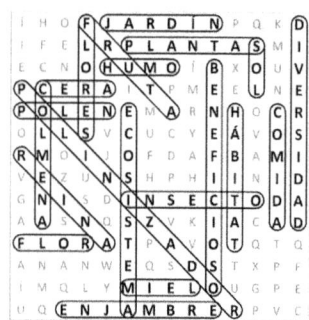

22 - Sports
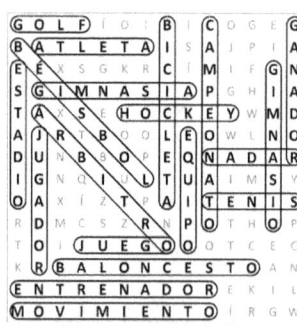

23 - Weather
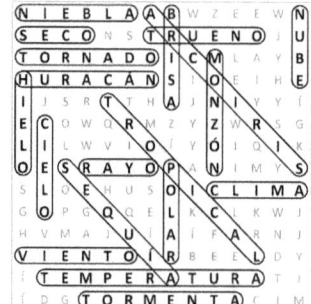

24 - Adventure

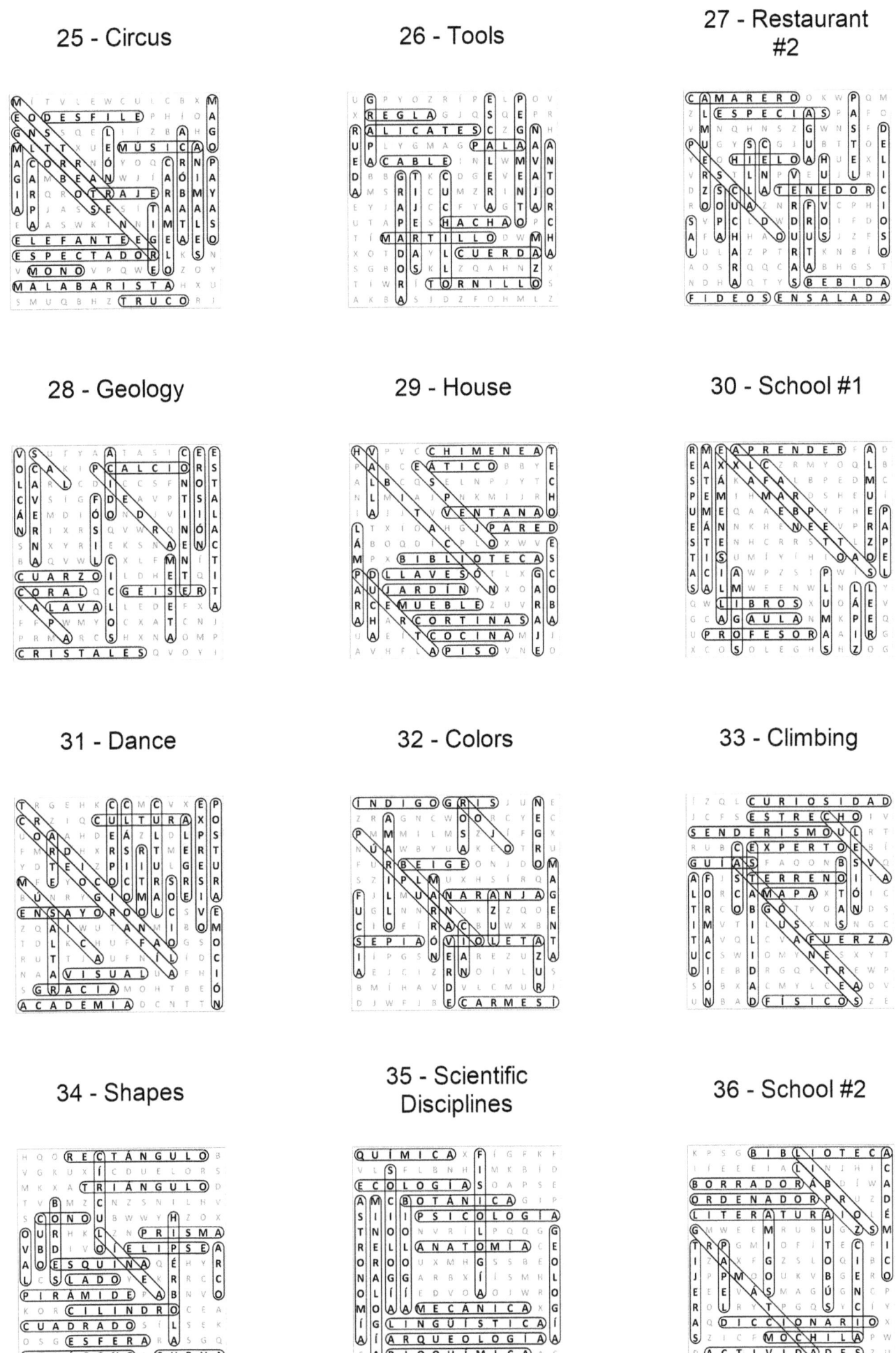

37 - Science
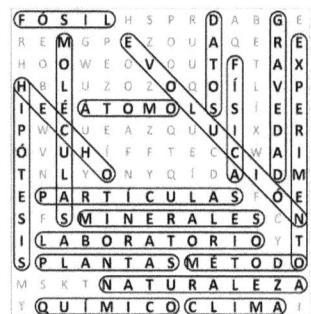

38 - To Fill
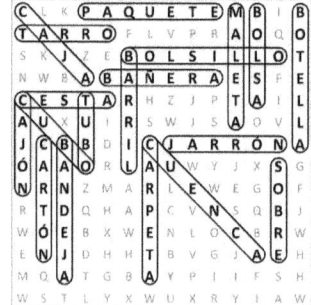

39 - Summer
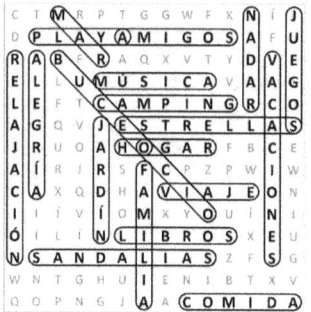

40 - Clothes
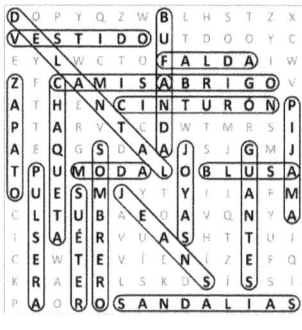

41 - Insects
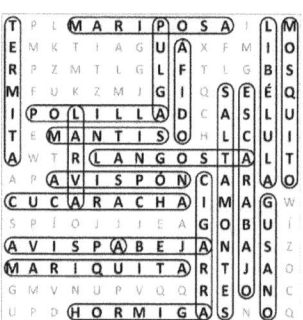

42 - Astronomy
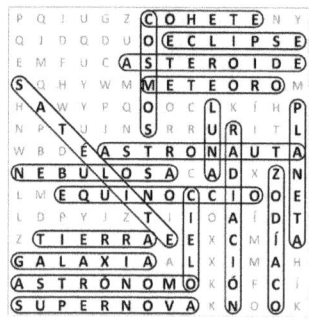

43 - Pirates
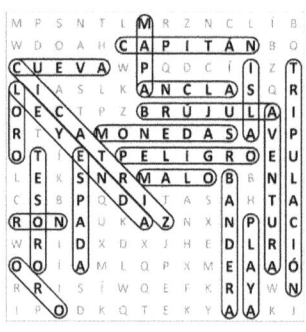

44 - Time
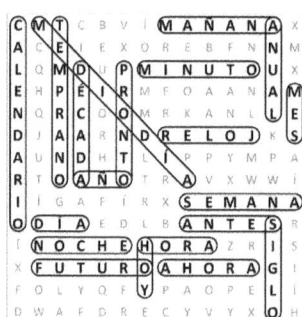

45 - Buildings
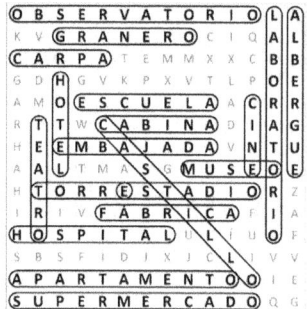

46 - Herbalism
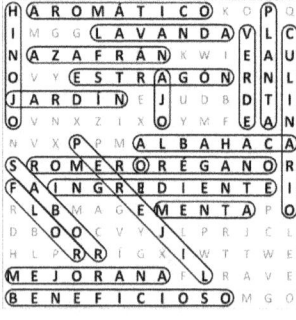

47 - Toys
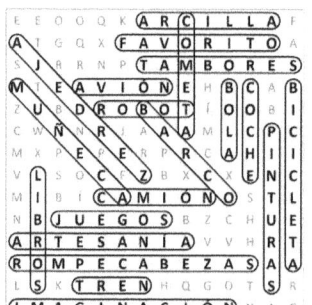

48 - Vehicles
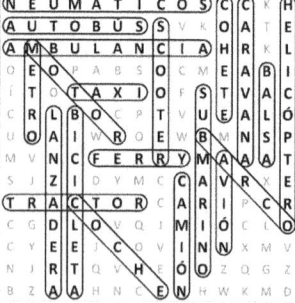

49 - Flowers

50 - Town

51 - Antarctica

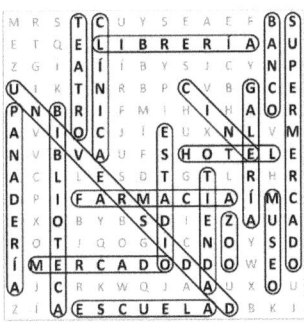

52 - Ballet

53 - Human Body

54 - Musical Instruments

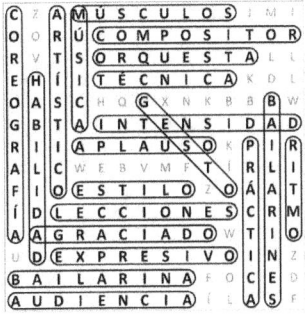
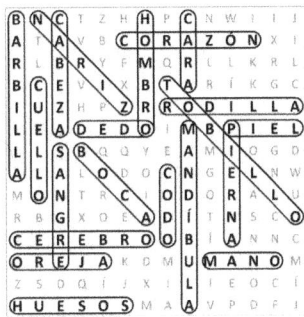
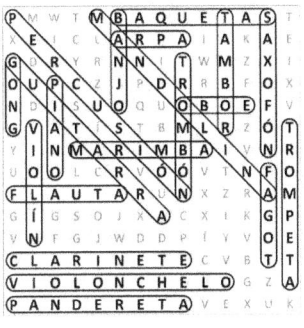

55 - Fruit

56 - Virtues #1

57 - Kitchen

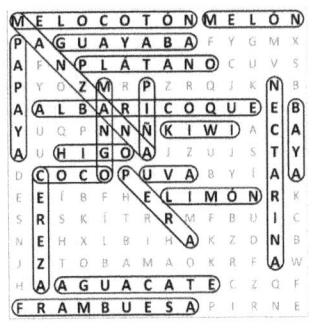
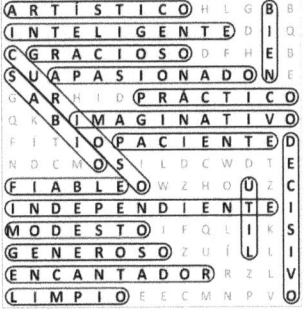
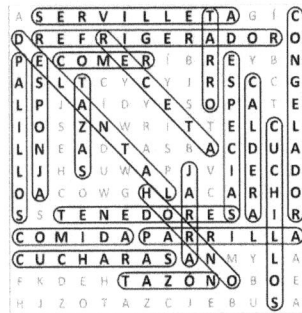

58 - Art Supplies

59 - Science Fiction

60 - Kindness

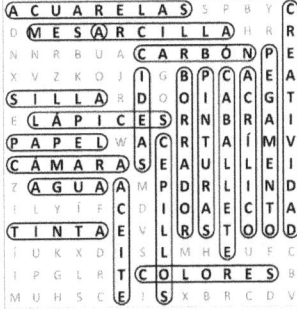
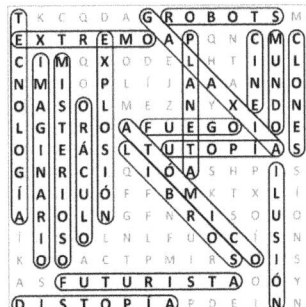
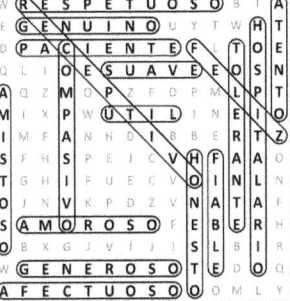

61 - Airplanes

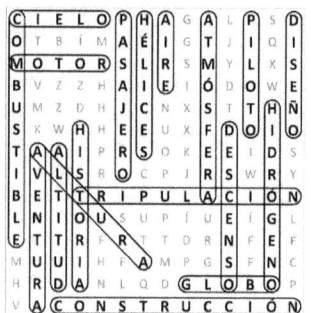

62 - Ocean

63 - Birds

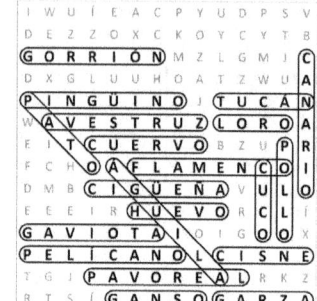

64 - Art

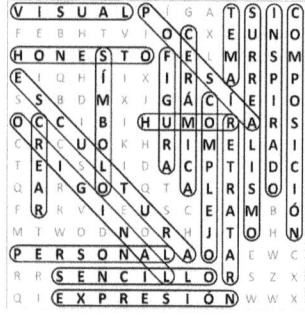

65 - Nutrition

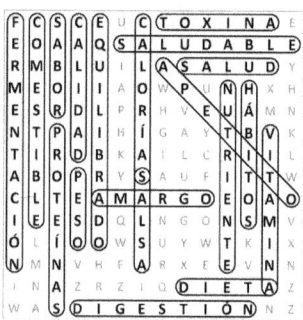

66 - Hiking

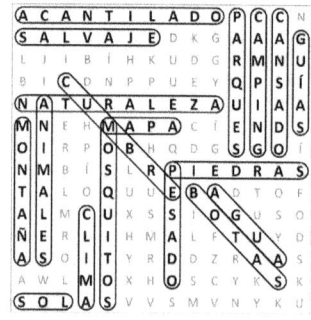

67 - Professions #1

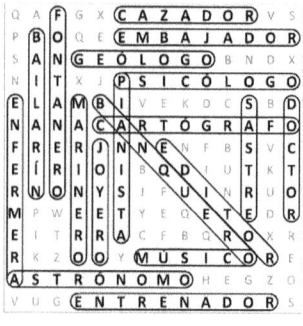

68 - Dinosaurs

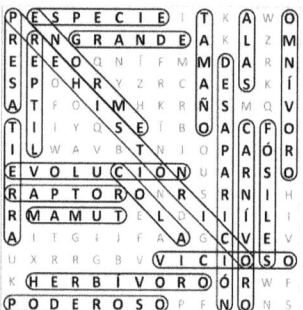

69 - Barbecues

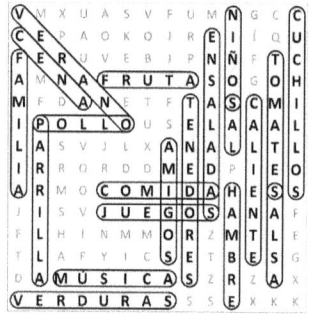

70 - Surfing

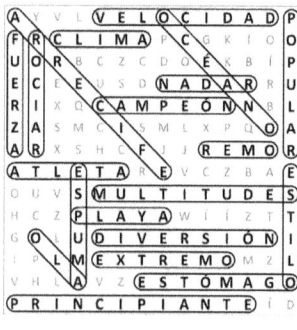

71 - Chocolate

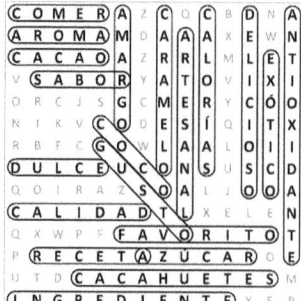

72 - Vegetables

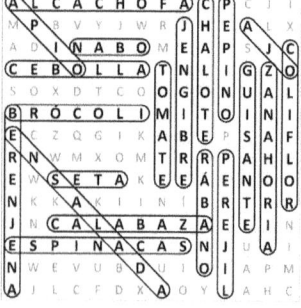

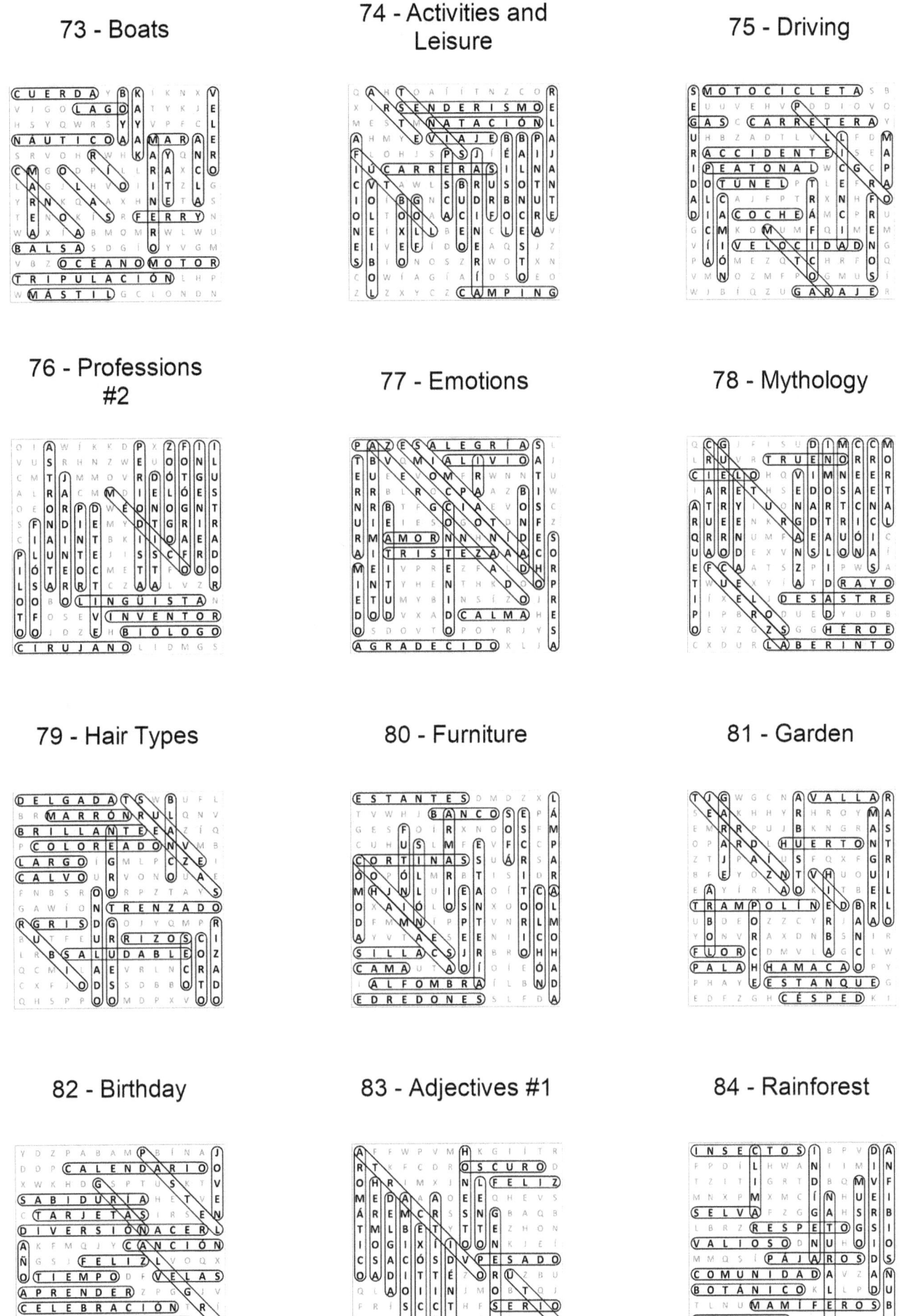

85 - Technology

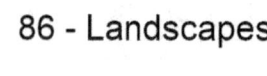

86 - Landscapes

87 - Visual Arts

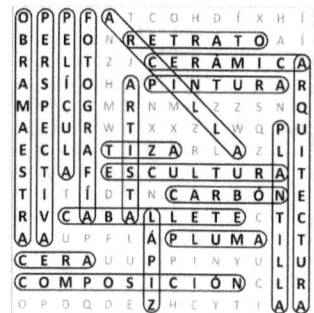

88 - Plants

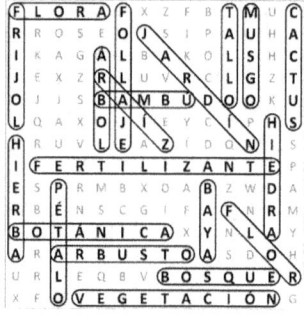

89 - Countries #2

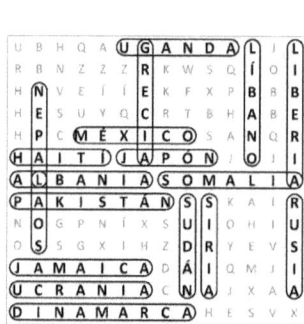

90 - Ecology

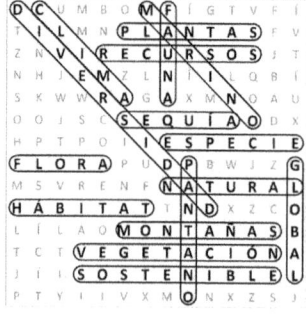

91 - Adjectives #2

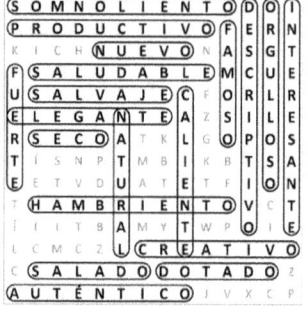

92 - Math

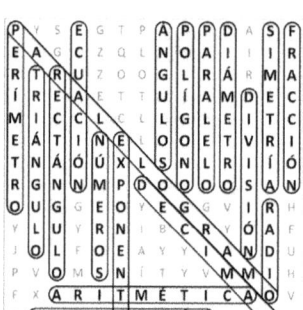

93 - Water

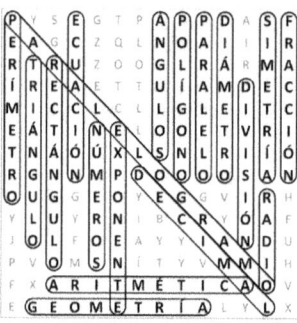

94 - Activities

95 - Literature

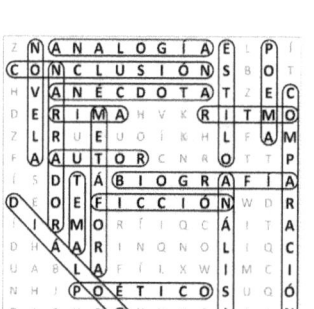

96 - Geography

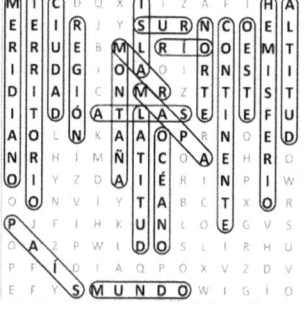

97 - Pets

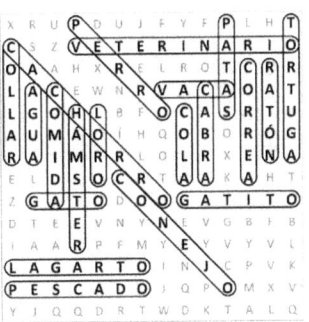

98 - Nature

99 - Championship

100 - Vacation #2

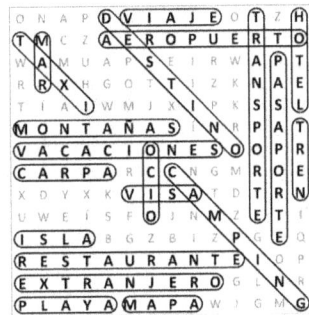

Dictionary

Activities
Actividades

Activity	Actividad
Art	Arte
Camping	Camping
Ceramics	Cerámica
Crafts	Artesanía
Dancing	Baile
Fishing	Pesca
Games	Juegos
Gardening	Jardinería
Hiking	Senderismo
Hunting	Caza
Interests	Intereses
Leisure	Ocio
Magic	Magia
Photography	Fotografía
Pleasure	Placer
Reading	Lectura
Relaxation	Relajación
Sewing	Costura
Skill	Habilidad

Activities and Leisure
Actividades y Ocio

Art	Arte
Baseball	Béisbol
Basketball	Baloncesto
Boxing	Boxeo
Camping	Camping
Diving	Buceo
Fishing	Pesca
Gardening	Jardinería
Golf	Golf
Hiking	Senderismo
Hobbies	Aficiones
Painting	Pintura
Racing	Carreras
Relaxing	Relajante
Soccer	Fútbol
Surfing	Surf
Swimming	Natación
Tennis	Tenis
Travel	Viaje
Volleyball	Voleibol

Adjectives #1
Adjetivos #1

Absolute	Absoluto
Ambitious	Ambicioso
Aromatic	Aromático
Artistic	Artístico
Attractive	Atractivo
Beautiful	Hermosa
Dark	Oscuro
Exotic	Exótico
Generous	Generoso
Happy	Feliz
Heavy	Pesado
Helpful	Útil
Honest	Honesto
Identical	Idéntico
Important	Importante
Modern	Moderno
Serious	Serio
Slow	Lento
Thin	Delgada
Valuable	Valioso

Adjectives #2
Adjetivos #2

Authentic	Auténtico
Creative	Creativo
Descriptive	Descriptivo
Dry	Seco
Elegant	Elegante
Famous	Famoso
Gifted	Dotado
Healthy	Saludable
Hot	Caliente
Hungry	Hambriento
Interesting	Interesante
Natural	Natural
New	Nuevo
Productive	Productivo
Proud	Orgulloso
Responsible	Responsable
Salty	Salado
Sleepy	Somnoliento
Strong	Fuerte
Wild	Salvaje

Adventure
Aventura

Activity	Actividad
Beauty	Belleza
Bravery	Valentía
Chance	Oportunidad
Dangerous	Peligroso
Destination	Destino
Difficulty	Dificultad
Enthusiasm	Entusiasmo
Excursion	Excursión
Friends	Amigos
Itinerary	Itinerario
Joy	Alegría
Nature	Naturaleza
Navigation	Navegación
New	Nuevo
Preparation	Preparación
Safety	Seguridad
Surprising	Sorprendente
Travels	Viajes
Unusual	Inusual

Airplanes
Aviones

Adventure	Aventura
Air	Aire
Altitude	Altitud
Atmosphere	Atmósfera
Balloon	Globo
Construction	Construcción
Crew	Tripulación
Descent	Descenso
Design	Diseño
Engine	Motor
Fuel	Combustible
Height	Altura
History	Historia
Hydrogen	Hidrógeno
Landing	Aterrizaje
Passenger	Pasajero
Pilot	Piloto
Propellers	Hélices
Sky	Cielo
Turbulence	Turbulencia

Antarctica
Antártida

Bay	Bahía
Birds	Pájaros
Clouds	Nubes
Conservation	Conservación
Continent	Continente
Cove	Ensenada
Expedition	Expedición
Geography	Geografía
Glaciers	Glaciares
Ice	Hielo
Islands	Islas
Migration	Migración
Minerals	Minerales
Peninsula	Península
Researcher	Investigador
Rocky	Rocoso
Scientific	Científico
Temperature	Temperatura
Topography	Topografía
Water	Agua

Art
Arte

Ceramic	Cerámica
Complex	Complejo
Composition	Composición
Create	Crear
Expression	Expresión
Figure	Figura
Honest	Honesto
Inspired	Inspirado
Mood	Humor
Original	Original
Paintings	Pinturas
Personal	Personal
Poetry	Poesía
Portray	Retratar
Sculpture	Escultura
Simple	Sencillo
Subject	Tema
Surrealism	Surrealismo
Symbol	Símbolo
Visual	Visual

Art Supplies
Suministros de Arte

Acrylic	Acrílico
Brushes	Cepillos
Camera	Cámara
Chair	Silla
Charcoal	Carbón
Clay	Arcilla
Colors	Colores
Creativity	Creatividad
Easel	Caballete
Eraser	Borrador
Glue	Pegamento
Ideas	Ideas
Ink	Tinta
Oil	Aceite
Paints	Pinturas
Paper	Papel
Pencils	Lápices
Table	Mesa
Water	Agua
Watercolors	Acuarelas

Astronomy
Astronomía

Asteroid	Asteroide
Astronaut	Astronauta
Astronomer	Astrónomo
Constellation	Constelación
Cosmos	Cosmos
Earth	Tierra
Eclipse	Eclipse
Equinox	Equinoccio
Galaxy	Galaxia
Meteor	Meteoro
Moon	Luna
Nebula	Nebulosa
Observatory	Observatorio
Planet	Planeta
Radiation	Radiación
Rocket	Cohete
Satellite	Satélite
Sky	Cielo
Supernova	Supernova
Zodiac	Zodíaco

Ballet
Ballet

Applause	Aplauso
Artistic	Artístico
Audience	Audiencia
Ballerina	Bailarina
Choreography	Coreografía
Composer	Compositor
Dancers	Bailarines
Expressive	Expresivo
Gesture	Gesto
Graceful	Agraciado
Intensity	Intensidad
Lessons	Lecciones
Muscles	Músculos
Music	Música
Orchestra	Orquesta
Practice	Práctica
Rhythm	Ritmo
Skill	Habilidad
Style	Estilo
Technique	Técnica

Barbecues
Barbacoas

Chicken	Pollo
Children	Niños
Dinner	Cena
Family	Familia
Food	Comida
Forks	Tenedores
Friends	Amigos
Fruit	Fruta
Games	Juegos
Grill	Parrilla
Hot	Caliente
Hunger	Hambre
Knives	Cuchillos
Music	Música
Salads	Ensaladas
Salt	Sal
Sauce	Salsa
Summer	Verano
Tomatoes	Tomates
Vegetables	Verduras

Bees
Abejas

Beneficial	Beneficioso
Blossom	Flor
Diversity	Diversidad
Ecosystem	Ecosistema
Flowers	Flores
Food	Comida
Fruit	Fruta
Garden	Jardín
Habitat	Hábitat
Hive	Colmena
Honey	Miel
Insect	Insecto
Plants	Plantas
Pollen	Polen
Pollinator	Polinizador
Queen	Reina
Smoke	Humo
Sun	Sol
Swarm	Enjambre
Wax	Cera

Birds
Pájaros

Canary	Canario
Chicken	Pollo
Crow	Cuervo
Cuckoo	Cuco
Duck	Pato
Eagle	Águila
Egg	Huevo
Flamingo	Flamenco
Goose	Ganso
Gull	Gaviota
Heron	Garza
Ostrich	Avestruz
Parrot	Loro
Peacock	Pavo Real
Pelican	Pelícano
Penguin	Pingüino
Sparrow	Gorrión
Stork	Cigüeña
Swan	Cisne
Toucan	Tucán

Birthday
Cumpleaños

Born	Nacer
Cake	Pastel
Calendar	Calendario
Candles	Velas
Cards	Tarjetas
Celebration	Celebración
Day	Día
Fun	Diversión
Gift	Regalo
Great	Gran
Happy	Feliz
Invitations	Invitaciones
Joyful	Alegre
Song	Canción
Special	Especial
Time	Tiempo
To Learn	Aprender
Wisdom	Sabiduría
Year	Año
Young	Joven

Boats
Barcos

Anchor	Ancla
Buoy	Boya
Canoe	Canoa
Crew	Tripulación
Engine	Motor
Ferry	Ferry
Kayak	Kayak
Lake	Lago
Mast	Mástil
Nautical	Náutico
Ocean	Océano
Raft	Balsa
River	Río
Rope	Cuerda
Sailboat	Velero
Sailor	Marinero
Sea	Mar
Tide	Marea
Waves	Olas
Yacht	Yate

Books
Libros

Adventure	Aventura
Author	Autor
Collection	Colección
Context	Contexto
Duality	Dualidad
Epic	Epopeya
Historical	Histórico
Humorous	Humorístico
Inventive	Inventivo
Literary	Literario
Narrator	Narrador
Novel	Novela
Page	Página
Poem	Poema
Poetry	Poesía
Reader	Lector
Relevant	Pertinente
Story	Historia
Tragic	Trágico
Written	Escrito

Buildings
Edificios

Apartment	Apartamento
Barn	Granero
Cabin	Cabina
Castle	Castillo
Cinema	Cine
Embassy	Embajada
Factory	Fábrica
Hospital	Hospital
Hostel	Albergue
Hotel	Hotel
Laboratory	Laboratorio
Museum	Museo
Observatory	Observatorio
School	Escuela
Stadium	Estadio
Supermarket	Supermercado
Tent	Carpa
Theater	Teatro
Tower	Torre
University	Universidad

Camping
Camping

Adventure	Aventura
Animals	Animales
Cabin	Cabina
Canoe	Canoa
Compass	Brújula
Fire	Fuego
Forest	Bosque
Fun	Diversión
Hammock	Hamaca
Hat	Sombrero
Hunting	Caza
Insect	Insecto
Lake	Lago
Map	Mapa
Moon	Luna
Mountain	Montaña
Nature	Naturaleza
Rope	Cuerda
Tent	Carpa
Trees	Árboles

Castles
Castillos

Armor	Armadura
Catapult	Catapulta
Crown	Corona
Dragon	Dragón
Dungeon	Mazmorra
Dynasty	Dinastía
Empire	Imperio
Feudal	Feudal
Horse	Caballo
Kingdom	Reino
Knight	Caballero
Noble	Noble
Palace	Palacio
Prince	Príncipe
Princess	Princesa
Shield	Escudo
Sword	Espada
Tower	Torre
Unicorn	Unicornio
Wall	Pared

Cats
Gatos

Affectionate	Afectuoso
Claw	Garra
Crazy	Loco
Curious	Curioso
Fast	Rápido
Funny	Gracioso
Fur	Piel
Hunter	Cazador
Independent	Independiente
Little	Poco
Mouse	Ratón
Paw	Pata
Personality	Personalidad
Playful	Juguetón
Shy	Tímido
Sleep	Dormir
Tail	Cola
Wild	Salvaje
Yarn	Hilo

Championship
Campeonato

Champion	Campeón
Championship	Campeonato
Coach	Entrenador
Endurance	Resistencia
Finalist	Finalista
Games	Juegos
Judge	Juez
League	Liga
Medal	Medalla
Motivation	Motivación
Performance	Rendimiento
Perspiration	Transpiración
Sports	Deportes
Strategy	Estrategia
Team	Equipo
To Breathe	Respirar
Tournament	Torneo
Victory	Victoria

Chess
Ajedrez

Black	Negro
Champion	Campeón
Clever	Inteligente
Contest	Concurso
Diagonal	Diagonal
Game	Juego
King	Rey
Opponent	Oponente
Passive	Pasivo
Player	Jugador
Points	Puntos
Queen	Reina
Rules	Reglas
Sacrifice	Sacrificio
Strategy	Estrategia
Time	Tiempo
To Learn	Aprender
Tournament	Torneo
White	Blanco

Chocolate
Chocolate

Antioxidant	Antioxidante
Aroma	Aroma
Artisanal	Artesanal
Bitter	Amargo
Cacao	Cacao
Calories	Calorías
Caramel	Caramelo
Coconut	Coco
Delicious	Delicioso
Exotic	Exótico
Favorite	Favorito
Flavor	Sabor
Ingredient	Ingrediente
Peanuts	Cacahuetes
Quality	Calidad
Recipe	Receta
Sugar	Azúcar
Sweet	Dulce
Taste	Gusto
To Eat	Comer

Circus
Circo

Acrobat	Acróbata
Animals	Animales
Balloons	Globos
Candy	Caramelo
Clown	Payaso
Costume	Traje
Elephant	Elefante
Entertain	Entretener
Juggler	Malabarista
Lion	León
Magic	Magia
Magician	Mago
Monkey	Mono
Music	Música
Parade	Desfile
Show	Mostrar
Spectator	Espectador
Tent	Carpa
Tiger	Tigre
Trick	Truco

Climbing
Escalada

Altitude	Altitud
Atmosphere	Atmósfera
Boots	Botas
Cave	Cueva
Curiosity	Curiosidad
Expert	Experto
Gloves	Guantes
Guides	Guías
Helmet	Casco
Hiking	Senderismo
Injury	Lesión
Map	Mapa
Narrow	Estrecho
Physical	Físico
Stability	Estabilidad
Strength	Fuerza
Terrain	Terreno
Training	Formación

Clothes
Ropa

Apron	Delantal
Belt	Cinturón
Blouse	Blusa
Bracelet	Pulsera
Coat	Abrigo
Dress	Vestido
Fashion	Moda
Gloves	Guantes
Hat	Sombrero
Jacket	Chaqueta
Jeans	Jeans
Jewelry	Joyas
Pajamas	Pijama
Pants	Pantalones
Sandals	Sandalias
Scarf	Bufanda
Shirt	Camisa
Shoe	Zapato
Skirt	Falda
Sweater	Suéter

Colors
Colores

Azure	Azur
Beige	Beige
Black	Negro
Blue	Azul
Brown	Marrón
Crimson	Carmesí
Cyan	Cian
Fuchsia	Fucsia
Green	Verde
Grey	Gris
Indigo	Índigo
Magenta	Magenta
Orange	Naranja
Pink	Rosa
Purple	Púrpura
Red	Rojo
Sepia	Sepia
Violet	Violeta
White	Blanco
Yellow	Amarillo

Conservation
Conservación

Changes	Cambios
Climate	Clima
Concern	Preocupación
Cycle	Ciclo
Ecosystem	Ecosistema
Education	Educación
Environmental	Ambiental
Green	Verde
Habitat	Hábitat
Health	Salud
Natural	Natural
Organic	Orgánico
Pesticide	Pesticida
Pollution	Contaminación
Recycle	Reciclar
Reduce	Reducir
Sustainable	Sostenible
Volunteer	Voluntario
Water	Agua

Countries #2
Países #2

Albania	Albania
Denmark	Dinamarca
Ethiopia	Etiopía
Greece	Grecia
Haiti	Haití
Jamaica	Jamaica
Japan	Japón
Laos	Laos
Lebanon	Líbano
Liberia	Liberia
Mexico	México
Nepal	Nepal
Nigeria	Nigeria
Pakistan	Pakistán
Russia	Rusia
Somalia	Somalia
Sudan	Sudán
Syria	Siria
Uganda	Uganda
Ukraine	Ucrania

Dance
Baile

Academy	Academia
Art	Arte
Body	Cuerpo
Choreography	Coreografía
Classical	Clásico
Cultural	Cultural
Culture	Cultura
Emotion	Emoción
Expressive	Expresivo
Grace	Gracia
Joyful	Alegre
Jump	Saltar
Movement	Movimiento
Music	Música
Partner	Socio
Posture	Postura
Rehearsal	Ensayo
Rhythm	Ritmo
Traditional	Tradicional
Visual	Visual

Days and Months
Días y Meses

April	Abril
August	Agosto
Calendar	Calendario
February	Febrero
Friday	Viernes
January	Enero
July	Julio
March	Marzo
Monday	Lunes
Month	Mes
November	Noviembre
October	Octubre
Saturday	Sábado
September	Septiembre
Sunday	Domingo
Thursday	Jueves
Tuesday	Martes
Wednesday	Miércoles
Week	Semana
Year	Año

Dinosaurs
Dinosaurios

Carnivore	Carnívoro
Disappearance	Desaparición
Earth	Tierra
Enormous	Enorme
Evolution	Evolución
Fossils	Fósiles
Herbivore	Herbívoro
Large	Grande
Mammoth	Mamut
Omnivore	Omnívoro
Powerful	Poderoso
Prehistoric	Prehistórico
Prey	Presa
Raptor	Raptor
Reptile	Reptil
Size	Tamaño
Species	Especie
Tail	Cola
Vicious	Vicioso
Wings	Alas

Driving
Conduciendo

Accident	Accidente
Brakes	Frenos
Car	Coche
Danger	Peligro
Driver	Conductor
Fuel	Combustible
Garage	Garaje
Gas	Gas
License	Licencia
Map	Mapa
Motor	Motor
Motorcycle	Motocicleta
Pedestrian	Peatonal
Police	Policía
Road	Carretera
Safety	Seguridad
Speed	Velocidad
Traffic	Tráfico
Truck	Camión
Tunnel	Túnel

Ecology
Ecología

Climate	Clima
Communities	Comunidades
Diversity	Diversidad
Drought	Sequía
Fauna	Fauna
Flora	Flora
Global	Global
Habitat	Hábitat
Marine	Marino
Marsh	Pantano
Mountains	Montañas
Natural	Natural
Nature	Naturaleza
Plants	Plantas
Resources	Recursos
Species	Especie
Survival	Supervivencia
Sustainable	Sostenible
Vegetation	Vegetación
Volunteers	Voluntarios

Emotions
Emociones

Anger	Ira
Bliss	Beatitud
Boredom	Aburrimiento
Calm	Calma
Content	Contenido
Embarrassed	Avergonzado
Excited	Emocionado
Fear	Miedo
Grateful	Agradecido
Joy	Alegría
Kindness	Bondad
Love	Amor
Peace	Paz
Relief	Alivio
Sadness	Tristeza
Satisfied	Satisfecho
Surprise	Sorpresa
Sympathy	Simpatía
Tenderness	Ternura
Tranquility	Tranquilidad

Exploration
Exploración

Activity	Actividad
Animals	Animales
Courage	Coraje
Cultures	Culturas
Determination	Determinación
Distant	Distante
Excitement	Emoción
Exhaustion	Agotamiento
Language	Idioma
New	Nuevo
Perilous	Peligroso
Quest	Búsqueda
Space	Espacio
Terrain	Terreno
To Learn	Aprender
Travel	Viaje
Unknown	Desconocido
Wild	Salvaje

Family
Familia

Ancestor	Antepasado
Aunt	Tía
Brother	Hermano
Child	Niño
Childhood	Infancia
Children	Niños
Cousin	Primo
Daughter	Hija
Father	Padre
Grandfather	Abuelo
Grandson	Nieto
Husband	Marido
Maternal	Materno
Mother	Madre
Nephew	Sobrino
Niece	Sobrina
Paternal	Paterno
Sister	Hermana
Uncle	Tío
Wife	Esposa

Farm #1
Granja #1

Agriculture	Agricultura
Bee	Abeja
Bison	Bisonte
Calf	Ternero
Cat	Gato
Chicken	Pollo
Cow	Vaca
Crow	Cuervo
Dog	Perro
Donkey	Burro
Fence	Valla
Fertilizer	Fertilizante
Field	Campo
Goat	Cabra
Hay	Heno
Honey	Miel
Horse	Caballo
Rice	Arroz
Seeds	Semillas
Water	Agua

Farm #2
Granja #2

Animals	Animales
Barley	Cebada
Barn	Granero
Corn	Maíz
Duck	Pato
Farmer	Agricultor
Food	Comida
Fruit	Fruta
Irrigation	Riego
Lamb	Cordero
Llama	Llama
Meadow	Prado
Milk	Leche
Orchard	Huerto
Sheep	Oveja
To Grow	Crecer
Tractor	Tractor
Vegetable	Vegetal
Wheat	Trigo
Windmill	Molino

Fishing
Pesca

Bait	Cebo
Basket	Cesta
Beach	Playa
Boat	Barco
Cook	Cocinar
Equipment	Equipo
Exaggeration	Exageración
Fins	Aletas
Gills	Branquias
Hook	Gancho
Jaw	Mandíbula
Lake	Lago
Ocean	Océano
Patience	Paciencia
River	Río
Season	Temporada
Water	Agua
Weight	Peso
Wire	Cable

Flowers
Flores

Bouquet	Ramo
Calendula	Caléndula
Clover	Trébol
Daffodil	Narciso
Daisy	Margarita
Gardenia	Gardenia
Hibiscus	Hibisco
Jasmine	Jazmín
Lavender	Lavanda
Lilac	Lila
Lily	Lirio
Magnolia	Magnolia
Orchid	Orquídea
Passionflower	Pasionaria
Peony	Peonía
Petal	Pétalo
Plumeria	Plumeria
Poppy	Amapola
Sunflower	Girasol
Tulip	Tulipán

Food #1
Comida #1

Apricot	Albaricoque
Barley	Cebada
Basil	Albahaca
Carrot	Zanahoria
Cinnamon	Canela
Garlic	Ajo
Juice	Jugo
Lemon	Limón
Milk	Leche
Onion	Cebolla
Peanut	Maní
Pear	Pera
Salad	Ensalada
Salt	Sal
Soup	Sopa
Spinach	Espinacas
Strawberry	Fresa
Sugar	Azúcar
Tuna	Atún
Turnip	Nabo

Food #2
Comida #2

Apple	Manzana
Artichoke	Alcachofa
Banana	Plátano
Broccoli	Brócoli
Celery	Apio
Cheese	Queso
Cherry	Cereza
Chicken	Pollo
Chocolate	Chocolate
Egg	Huevo
Eggplant	Berenjena
Fish	Pescado
Grape	Uva
Ham	Jamón
Kiwi	Kiwi
Mushroom	Seta
Rice	Arroz
Tomato	Tomate
Wheat	Trigo
Yogurt	Yogur

Fruit
Fruta

Apple	Manzana
Apricot	Albaricoque
Avocado	Aguacate
Banana	Plátano
Berry	Baya
Cherry	Cereza
Coconut	Coco
Fig	Higo
Grape	Uva
Guava	Guayaba
Kiwi	Kiwi
Lemon	Limón
Mango	Mango
Melon	Melón
Nectarine	Nectarina
Papaya	Papaya
Peach	Melocotón
Pear	Pera
Pineapple	Piña
Raspberry	Frambuesa

Furniture
Mueble

Armchair	Sillón
Armoire	Armario
Bed	Cama
Bench	Banco
Bookcase	Estantería
Chair	Silla
Comforters	Edredones
Couch	Sofá
Curtains	Cortinas
Cushions	Cojines
Desk	Escritorio
Dresser	Cómoda
Futon	Futón
Hammock	Hamaca
Lamp	Lámpara
Mattress	Colchón
Mirror	Espejo
Pillow	Almohada
Rug	Alfombra
Shelves	Estantes

Garden
Jardín

Bench	Banco
Bush	Arbusto
Fence	Valla
Flower	Flor
Garage	Garaje
Garden	Jardín
Grass	Hierba
Hammock	Hamaca
Hose	Manguera
Lawn	Césped
Orchard	Huerto
Pond	Estanque
Porch	Porche
Rake	Rastrillo
Shovel	Pala
Terrace	Terraza
Trampoline	Trampolín
Tree	Árbol
Vine	Vid
Weeds	Malezas

Geography
Geografía

Altitude	Altitud
Atlas	Atlas
City	Ciudad
Continent	Continente
Country	País
Hemisphere	Hemisferio
Island	Isla
Latitude	Latitud
Map	Mapa
Meridian	Meridiano
Mountain	Montaña
North	Norte
Ocean	Océano
Region	Región
River	Río
Sea	Mar
South	Sur
Territory	Territorio
West	Oeste
World	Mundo

Geology
Geología

Acid	Ácido
Calcium	Calcio
Cavern	Caverna
Continent	Continente
Coral	Coral
Crystals	Cristales
Cycles	Ciclos
Earthquake	Terremoto
Erosion	Erosión
Fossil	Fósil
Geyser	Géiser
Lava	Lava
Layer	Capa
Minerals	Minerales
Plateau	Meseta
Quartz	Cuarzo
Salt	Sal
Stalactite	Estalactita
Stone	Piedra
Volcano	Volcán

Hair Types
Tipos de Cabello

Bald	Calvo
Black	Negro
Blond	Rubio
Braided	Trenzado
Braids	Trenzas
Brown	Marrón
Colored	Coloreado
Curls	Rizos
Curly	Rizado
Dry	Seco
Gray	Gris
Healthy	Saludable
Long	Largo
Shiny	Brillante
Short	Corto
Soft	Suave
Thick	Grueso
Thin	Delgada
Wavy	Ondulado
White	Blanco

Herbalism
Herboristería

Aromatic	Aromático
Basil	Albahaca
Beneficial	Beneficioso
Culinary	Culinario
Fennel	Hinojo
Flavor	Sabor
Flower	Flor
Garden	Jardín
Garlic	Ajo
Green	Verde
Ingredient	Ingrediente
Lavender	Lavanda
Marjoram	Mejorana
Mint	Menta
Oregano	Orégano
Parsley	Perejil
Plant	Planta
Rosemary	Romero
Saffron	Azafrán
Tarragon	Estragón

Hiking
Senderismo

Animals	Animales
Boots	Botas
Camping	Camping
Cliff	Acantilado
Climate	Clima
Guides	Guías
Heavy	Pesado
Map	Mapa
Mosquitoes	Mosquitos
Mountain	Montaña
Nature	Naturaleza
Orientation	Orientación
Parks	Parques
Preparation	Preparación
Stones	Piedras
Summit	Cumbre
Sun	Sol
Tired	Cansado
Water	Agua
Wild	Salvaje

House
Casa

Attic	Ático
Broom	Escoba
Curtains	Cortinas
Door	Puerta
Fence	Valla
Fireplace	Chimenea
Floor	Piso
Furniture	Mueble
Garage	Garaje
Garden	Jardín
Keys	Llaves
Kitchen	Cocina
Lamp	Lámpara
Library	Biblioteca
Mirror	Espejo
Roof	Techo
Room	Habitación
Shower	Ducha
Wall	Pared
Window	Ventana

Human Body
Cuerpo Humano

Ankle	Tobillo
Blood	Sangre
Bones	Huesos
Brain	Cerebro
Chin	Barbilla
Ear	Oreja
Elbow	Codo
Face	Cara
Finger	Dedo
Hand	Mano
Head	Cabeza
Heart	Corazón
Jaw	Mandíbula
Knee	Rodilla
Leg	Pierna
Mouth	Boca
Neck	Cuello
Nose	Nariz
Shoulder	Hombro
Skin	Piel

Insects
Insectos

Ant	Hormiga
Aphid	Áfido
Bee	Abeja
Beetle	Escarabajo
Butterfly	Mariposa
Cicada	Cigarra
Cockroach	Cucaracha
Dragonfly	Libélula
Flea	Pulga
Grasshopper	Saltamontes
Hornet	Avispón
Ladybug	Mariquita
Larva	Larva
Locust	Langosta
Mantis	Mantis
Mosquito	Mosquito
Moth	Polilla
Termite	Termita
Wasp	Avispa
Worm	Gusano

Kindness
Bondad

Affectionate	Afectuoso
Attentive	Atento
Compassionate	Compasivo
Friendly	Amistoso
Generous	Generoso
Gentle	Suave
Genuine	Genuino
Happy	Feliz
Helpful	Útil
Honest	Honesto
Hospitable	Hospitalario
Loving	Amoroso
Patient	Paciente
Receptive	Receptivo
Reliable	Fiable
Respectful	Respetuoso
Tolerant	Tolerante
Understanding	Comprensión

Kitchen
Cocina

Apron	Delantal
Bowl	Tazón
Chopsticks	Palillos
Cups	Tazas
Food	Comida
Forks	Tenedores
Freezer	Congelador
Grill	Parrilla
Jar	Tarro
Jug	Jarra
Kettle	Caldera
Knives	Cuchillos
Napkin	Servilleta
Oven	Horno
Recipe	Receta
Refrigerator	Refrigerador
Spices	Especias
Sponge	Esponja
Spoons	Cucharas
To Eat	Comer

Landscapes
Paisajes

Beach	Playa
Cave	Cueva
Desert	Desierto
Geyser	Géiser
Glacier	Glaciar
Hill	Colina
Iceberg	Iceberg
Island	Isla
Lake	Lago
Mountain	Montaña
Oasis	Oasis
Ocean	Océano
Peninsula	Península
River	Río
Sea	Mar
Swamp	Pantano
Tundra	Tundra
Valley	Valle
Volcano	Volcán
Waterfall	Cascada

Literature
Literatura

Analogy	Analogía
Analysis	Análisis
Anecdote	Anécdota
Author	Autor
Biography	Biografía
Comparison	Comparación
Conclusion	Conclusión
Description	Descripción
Dialogue	Diálogo
Fiction	Ficción
Metaphor	Metáfora
Narrator	Narrador
Novel	Novela
Poem	Poema
Poetic	Poético
Rhyme	Rima
Rhythm	Ritmo
Style	Estilo
Theme	Tema
Tragedy	Tragedia

Mammals
Mamíferos

Bear	Oso
Beaver	Castor
Bull	Toro
Cat	Gato
Coyote	Coyote
Dog	Perro
Dolphin	Delfín
Elephant	Elefante
Fox	Zorro
Giraffe	Jirafa
Gorilla	Gorila
Horse	Caballo
Kangaroo	Canguro
Lion	León
Monkey	Mono
Rabbit	Conejo
Sheep	Oveja
Whale	Ballena
Wolf	Lobo
Zebra	Cebra

Math
Matemáticas

Angles	Ángulos
Arithmetic	Aritmética
Decimal	Decimal
Diameter	Diámetro
Division	División
Equation	Ecuación
Exponent	Exponente
Fraction	Fracción
Geometry	Geometría
Numbers	Números
Parallel	Paralelo
Parallelogram	Paralelogramo
Perimeter	Perímetro
Polygon	Polígono
Radius	Radio
Rectangle	Rectángulo
Square	Cuadrado
Symmetry	Simetría
Triangle	Triángulo
Volume	Volumen

Measurements
Mediciones

Byte	Byte
Centimeter	Centímetro
Decimal	Decimal
Degree	Grado
Depth	Profundidad
Gram	Gramo
Height	Altura
Inch	Pulgada
Kilogram	Kilogramo
Kilometer	Kilómetro
Length	Longitud
Liter	Litro
Mass	Masa
Meter	Metro
Minute	Minuto
Ounce	Onza
Ton	Tonelada
Volume	Volumen
Weight	Peso
Width	Ancho

Meditation
Meditación

Acceptance	Aceptación
Awake	Despierto
Breathing	Respiración
Calm	Calma
Clarity	Claridad
Compassion	Compasión
Emotions	Emociones
Gratitude	Gratitud
Habits	Hábitos
Kindness	Bondad
Mental	Mental
Mind	Mente
Movement	Movimiento
Music	Música
Nature	Naturaleza
Peace	Paz
Perspective	Perspectiva
Silence	Silencio
Thoughts	Pensamientos
To Learn	Aprender

Musical Instruments
Instrumentos Musicales

Banjo	Banjo
Bassoon	Fagot
Cello	Violonchelo
Clarinet	Clarinete
Drum	Tambor
Drumsticks	Baquetas
Flute	Flauta
Gong	Gong
Guitar	Guitarra
Harp	Arpa
Mandolin	Mandolina
Marimba	Marimba
Oboe	Oboe
Percussion	Percusión
Piano	Piano
Saxophone	Saxofón
Tambourine	Pandereta
Trombone	Trombón
Trumpet	Trompeta
Violin	Violín

Mythology
Mitología

Archetype	Arquetipo
Beliefs	Creencias
Creation	Creación
Creature	Criatura
Culture	Cultura
Deities	Deidades
Disaster	Desastre
Heaven	Cielo
Hero	Héroe
Immortality	Inmortalidad
Jealousy	Celos
Labyrinth	Laberinto
Legend	Leyenda
Lightning	Rayo
Monster	Monstruo
Mortal	Mortal
Revenge	Venganza
Strength	Fuerza
Thunder	Trueno
Warrior	Guerrero

Nature
Naturaleza

Animals	Animales
Arctic	Ártico
Beauty	Belleza
Bees	Abejas
Cliffs	Acantilados
Clouds	Nubes
Desert	Desierto
Dynamic	Dinámico
Erosion	Erosión
Fog	Niebla
Foliage	Follaje
Forest	Bosque
Glacier	Glaciar
Peaceful	Pacífico
River	Río
Sanctuary	Santuario
Serene	Sereno
Tropical	Tropical
Vital	Vital
Wild	Salvaje

Numbers
Números

Decimal	Decimal
Eight	Ocho
Eighteen	Dieciocho
Fifteen	Quince
Five	Cinco
Four	Cuatro
Fourteen	Catorce
Nine	Nueve
Nineteen	Diecinueve
One	Uno
Seven	Siete
Seventeen	Diecisiete
Six	Seis
Sixteen	Dieciséis
Ten	Diez
Thirteen	Trece
Three	Tres
Twelve	Doce
Twenty	Veinte
Two	Dos

Nutrition
Nutrición

Appetite	Apetito
Balanced	Equilibrado
Bitter	Amargo
Calories	Calorías
Carbohydrates	Carbohidratos
Diet	Dieta
Digestion	Digestión
Edible	Comestible
Fermentation	Fermentación
Flavor	Sabor
Habits	Hábitos
Health	Salud
Healthy	Saludable
Nutrient	Nutriente
Proteins	Proteínas
Quality	Calidad
Sauce	Salsa
Toxin	Toxina
Vitamin	Vitamina
Weight	Peso

Ocean
Océano

Algae	Alga
Coral	Coral
Crab	Cangrejo
Dolphin	Delfín
Eel	Anguila
Fish	Pescado
Jellyfish	Medusa
Octopus	Pulpo
Oyster	Ostra
Reef	Arrecife
Salt	Sal
Seaweed	Algas Marinas
Shark	Tiburón
Shrimp	Camarón
Sponge	Esponja
Storm	Tormenta
Tides	Mareas
Tuna	Atún
Turtle	Tortuga
Whale	Ballena

Pets
Mascotas

Cat	Gato
Collar	Collar
Cow	Vaca
Dog	Perro
Fish	Pescado
Food	Comida
Goat	Cabra
Hamster	Hámster
Kitten	Gatito
Leash	Correa
Lizard	Lagarto
Mouse	Ratón
Parrot	Loro
Paws	Patas
Puppy	Cachorro
Rabbit	Conejo
Tail	Cola
Turtle	Tortuga
Veterinarian	Veterinario
Water	Agua

Pirates
Piratas

Adventure	Aventura
Anchor	Ancla
Bad	Malo
Beach	Playa
Captain	Capitán
Cave	Cueva
Coins	Monedas
Compass	Brújula
Crew	Tripulación
Danger	Peligro
Flag	Bandera
Gold	Oro
Island	Isla
Legend	Leyenda
Map	Mapa
Parrot	Loro
Rum	Ron
Scar	Cicatriz
Sword	Espada
Treasure	Tesoro

Plants
Plantas

Bamboo	Bambú
Bean	Frijol
Berry	Baya
Botany	Botánica
Bush	Arbusto
Cactus	Cactus
Fertilizer	Fertilizante
Flora	Flora
Flower	Flor
Foliage	Follaje
Forest	Bosque
Garden	Jardín
Grass	Hierba
Ivy	Hiedra
Moss	Musgo
Petal	Pétalo
Root	Raíz
Stem	Tallo
Tree	Árbol
Vegetation	Vegetación

Professions #1
Profesiones #1

Ambassador	Embajador
Astronomer	Astrónomo
Attorney	Abogado
Banker	Banquero
Cartographer	Cartógrafo
Coach	Entrenador
Dancer	Bailarín
Doctor	Doctor
Editor	Editor
Geologist	Geólogo
Hunter	Cazador
Jeweler	Joyero
Musician	Músico
Nurse	Enfermera
Pianist	Pianista
Plumber	Fontanero
Psychologist	Psicólogo
Sailor	Marinero
Tailor	Sastre
Veterinarian	Veterinario

Professions #2
Profesiones #2

Astronaut	Astronauta
Biologist	Biólogo
Dentist	Dentista
Detective	Detective
Engineer	Ingeniero
Farmer	Agricultor
Gardener	Jardinero
Illustrator	Ilustrador
Inventor	Inventor
Journalist	Periodista
Librarian	Bibliotecario
Linguist	Lingüista
Painter	Pintor
Philosopher	Filósofo
Photographer	Fotógrafo
Physician	Médico
Pilot	Piloto
Surgeon	Cirujano
Teacher	Profesor
Zoologist	Zoólogo

Rainforest
Selva Tropical

Amphibians	Anfibios
Birds	Pájaros
Botanical	Botánico
Climate	Clima
Clouds	Nubes
Community	Comunidad
Diversity	Diversidad
Indigenous	Indígena
Insects	Insectos
Jungle	Selva
Mammals	Mamíferos
Moss	Musgo
Nature	Naturaleza
Preservation	Preservación
Refuge	Refugio
Respect	Respeto
Restoration	Restauración
Species	Especie
Survival	Supervivencia
Valuable	Valioso

Restaurant #1
Restaurante #1

Allergy	Alergia
Bowl	Tazón
Bread	Pan
Cashier	Cajero
Chicken	Pollo
Coffee	Café
Dessert	Postre
Food	Comida
Ingredients	Ingredientes
Kitchen	Cocina
Knife	Cuchillo
Meat	Carne
Menu	Menú
Napkin	Servilleta
Plate	Plato
Reservation	Reserva
Sauce	Salsa
Spicy	Picante
To Eat	Comer
Waitress	Camarera

Restaurant #2
Restaurante #2

Beverage	Bebida
Cake	Pastel
Chair	Silla
Delicious	Delicioso
Dinner	Cena
Eggs	Huevos
Fish	Pescado
Fork	Tenedor
Fruit	Fruta
Ice	Hielo
Lunch	Almuerzo
Noodles	Fideos
Salad	Ensalada
Salt	Sal
Soup	Sopa
Spices	Especias
Spoon	Cuchara
Vegetables	Verduras
Waiter	Camarero
Water	Agua

School #1
Escuela #1

Alphabet	Alfabeto
Answers	Respuestas
Books	Libros
Chair	Silla
Classroom	Aula
Exams	Exámenes
Folders	Carpetas
Friends	Amigos
Fun	Diversión
Library	Biblioteca
Lunch	Almuerzo
Math	Matemática
Paper	Papel
Pencil	Lápiz
Pens	Plumas
Quiz	Examen
Teacher	Profesor
To Learn	Aprender
To Read	Leer
To Write	Escribir

School #2
Escuela #2

Academic	Académico
Activities	Actividades
Backpack	Mochila
Books	Libros
Bus	Autobús
Calendar	Calendario
Computer	Ordenador
Dictionary	Diccionario
Education	Educación
Eraser	Borrador
Friends	Amigos
Grammar	Gramática
Library	Biblioteca
Literature	Literatura
Paper	Papel
Pencil	Lápiz
Science	Ciencia
Scissors	Tijeras
Supplies	Suministros
Teacher	Profesor

Science
Ciencia

Atom	Átomo
Chemical	Químico
Climate	Clima
Data	Datos
Evolution	Evolución
Experiment	Experimento
Fact	Hecho
Fossil	Fósil
Gravity	Gravedad
Hypothesis	Hipótesis
Laboratory	Laboratorio
Method	Método
Minerals	Minerales
Molecules	Moléculas
Nature	Naturaleza
Organism	Organismo
Particles	Partículas
Physics	Física
Plants	Plantas
Scientist	Científico

Science Fiction
Ciencia Ficción

Atomic	Atómico
Books	Libros
Cinema	Cine
Clones	Clones
Dystopia	Distopía
Explosion	Explosión
Extreme	Extremo
Fantastic	Fantástico
Fire	Fuego
Futuristic	Futurista
Galaxy	Galaxia
Illusion	Ilusión
Imaginary	Imaginario
Mysterious	Misterioso
Oracle	Oráculo
Planet	Planeta
Robots	Robots
Technology	Tecnología
Utopia	Utopía
World	Mundo

Scientific Disciplines
Disciplinas Científicas

Anatomy	Anatomía
Archaeology	Arqueología
Astronomy	Astronomía
Biochemistry	Bioquímica
Biology	Biología
Botany	Botánica
Chemistry	Química
Ecology	Ecología
Geology	Geología
Immunology	Inmunología
Kinesiology	Kinesiología
Linguistics	Lingüística
Mechanics	Mecánica
Mineralogy	Mineralogía
Neurology	Neurología
Physiology	Fisiología
Psychology	Psicología
Sociology	Sociología
Thermodynamics	Termodinámica
Zoology	Zoología

Shapes
Formas

Arc	Arco
Circle	Círculo
Cone	Cono
Corner	Esquina
Cube	Cubo
Curve	Curva
Cylinder	Cilindro
Edges	Bordes
Ellipse	Elipse
Hyperbola	Hipérbola
Line	Línea
Oval	Oval
Polygon	Polígono
Prism	Prisma
Pyramid	Pirámide
Rectangle	Rectángulo
Side	Lado
Sphere	Esfera
Square	Cuadrado
Triangle	Triángulo

Spices
Especias

Anise	Anís
Bitter	Amargo
Cardamom	Cardamomo
Cinnamon	Canela
Clove	Clavo
Coriander	Cilantro
Cumin	Comino
Curry	Curry
Fennel	Hinojo
Fenugreek	Fenogreco
Flavor	Sabor
Garlic	Ajo
Ginger	Jengibre
Nutmeg	Nuez Moscada
Onion	Cebolla
Paprika	Pimentón
Saffron	Azafrán
Salt	Sal
Sweet	Dulce
Vanilla	Vainilla

Sports
Deportes

Athlete	Atleta
Baseball	Béisbol
Basketball	Baloncesto
Bicycle	Bicicleta
Championship	Campeonato
Coach	Entrenador
Game	Juego
Golf	Golf
Gymnasium	Gimnasio
Gymnastics	Gimnasia
Hockey	Hockey
Movement	Movimiento
Player	Jugador
Referee	Árbitro
Stadium	Estadio
Team	Equipo
Tennis	Tenis
To Swim	Nadar
Winner	Ganador

Summer
Verano

Beach	Playa
Books	Libros
Camping	Camping
Diving	Buceo
Family	Familia
Food	Comida
Friends	Amigos
Games	Juegos
Garden	Jardín
Home	Hogar
Joy	Alegría
Leisure	Ocio
Music	Música
Relaxation	Relajación
Sandals	Sandalias
Sea	Mar
Stars	Estrellas
To Swim	Nadar
Travel	Viaje
Vacation	Vacaciones

Surfing
Surf

Athlete	Atleta
Beach	Playa
Beginner	Principiante
Champion	Campeón
Crowds	Multitudes
Extreme	Extremo
Foam	Espuma
Fun	Diversión
Ocean	Océano
Paddle	Remo
Popular	Popular
Reef	Arrecife
Speed	Velocidad
Spray	Rociar
Stomach	Estómago
Strength	Fuerza
Style	Estilo
To Swim	Nadar
Wave	Ola
Weather	Clima

Technology
Tecnología

Blog	Blog
Browser	Navegador
Bytes	Bytes
Camera	Cámara
Computer	Ordenador
Cursor	Cursor
Data	Datos
Digital	Digital
File	Archivo
Font	Fuente
Internet	Internet
Message	Mensaje
Research	Investigación
Screen	Pantalla
Security	Seguridad
Software	Software
Statistics	Estadísticas
Virtual	Virtual
Virus	Virus

Time
Tiempo

Annual	Anual
Before	Antes
Calendar	Calendario
Century	Siglo
Clock	Reloj
Day	Día
Decade	Década
Early	Temprano
Future	Futuro
Hour	Hora
Minute	Minuto
Month	Mes
Morning	Mañana
Night	Noche
Noon	Mediodía
Now	Ahora
Soon	Pronto
Today	Hoy
Week	Semana
Year	Año

To Fill
Rellenar

Bag	Bolsa
Barrel	Barril
Basin	Cuenca
Basket	Cesta
Bottle	Botella
Box	Caja
Bucket	Cubo
Carton	Cartón
Drawer	Cajón
Envelope	Sobre
Folder	Carpeta
Jar	Tarro
Packet	Paquete
Pocket	Bolsillo
Suitcase	Maleta
Tray	Bandeja
Tub	Bañera
Tube	Tubo
Vase	Jarrón

Tools
Herramientas

Axe	Hacha
Cable	Cable
Glue	Pegamento
Hammer	Martillo
Knife	Cuchillo
Ladder	Escalera
Mallet	Mazo
Pliers	Alicates
Razor	Navaja
Rope	Cuerda
Ruler	Regla
Scissors	Tijeras
Screw	Tornillo
Shovel	Pala
Staple	Grapa
Stapler	Grapadora
Torch	Antorcha
Wheel	Rueda

Town
Ciudad

Airport	Aeropuerto
Bakery	Panadería
Bank	Banco
Bookstore	Librería
Cinema	Cine
Clinic	Clínica
Florist	Florista
Gallery	Galería
Hotel	Hotel
Library	Biblioteca
Market	Mercado
Museum	Museo
Pharmacy	Farmacia
School	Escuela
Stadium	Estadio
Store	Tienda
Supermarket	Supermercado
Theater	Teatro
University	Universidad
Zoo	Zoo

Toys
Juguetes

Airplane	Avión
Ball	Bola
Bicycle	Bicicleta
Boat	Barco
Books	Libros
Car	Coche
Chess	Ajedrez
Clay	Arcilla
Crafts	Artesanía
Doll	Muñeca
Drums	Tambores
Favorite	Favorito
Games	Juegos
Imagination	Imaginación
Kite	Cometa
Paints	Pinturas
Puzzle	Rompecabezas
Robot	Robot
Train	Tren
Truck	Camión

Vacation #2
Vacaciones #2

Airport	Aeropuerto
Beach	Playa
Camping	Camping
Destination	Destino
Foreigner	Extranjero
Holiday	Vacaciones
Hotel	Hotel
Island	Isla
Journey	Viaje
Leisure	Ocio
Map	Mapa
Mountains	Montañas
Passport	Pasaporte
Restaurant	Restaurante
Sea	Mar
Taxi	Taxi
Tent	Carpa
Train	Tren
Transportation	Transporte
Visa	Visa

Vegetables
Verduras

Artichoke	Alcachofa
Broccoli	Brócoli
Carrot	Zanahoria
Cauliflower	Coliflor
Celery	Apio
Cucumber	Pepino
Eggplant	Berenjena
Garlic	Ajo
Ginger	Jengibre
Mushroom	Seta
Onion	Cebolla
Parsley	Perejil
Pea	Guisante
Pumpkin	Calabaza
Radish	Rábano
Salad	Ensalada
Shallot	Chalote
Spinach	Espinacas
Tomato	Tomate
Turnip	Nabo

Vehicles
Vehículos

Airplane	Avión
Ambulance	Ambulancia
Bicycle	Bicicleta
Boat	Barco
Bus	Autobús
Car	Coche
Caravan	Caravana
Ferry	Ferry
Helicopter	Helicóptero
Motor	Motor
Raft	Balsa
Rocket	Cohete
Scooter	Scooter
Shuttle	Lanzadera
Submarine	Submarino
Subway	Metro
Taxi	Taxi
Tires	Neumáticos
Tractor	Tractor
Truck	Camión

Virtues #1
Virtudes #1

Artistic	Artístico
Charming	Encantador
Clean	Limpio
Curious	Curioso
Decisive	Decisivo
Efficient	Eficiente
Funny	Gracioso
Generous	Generoso
Good	Bien
Helpful	Útil
Imaginative	Imaginativo
Independent	Independiente
Intelligent	Inteligente
Modest	Modesto
Passionate	Apasionado
Patient	Paciente
Practical	Práctico
Reliable	Fiable
Wise	Sabio

Visual Arts
Artes Visuales

Architecture	Arquitectura
Artist	Artista
Ceramics	Cerámica
Chalk	Tiza
Charcoal	Carbón
Clay	Arcilla
Composition	Composición
Creativity	Creatividad
Easel	Caballete
Film	Película
Masterpiece	Obra Maestra
Painting	Pintura
Pen	Pluma
Pencil	Lápiz
Perspective	Perspectiva
Photograph	Fotografía
Portrait	Retrato
Sculpture	Escultura
Stencil	Plantilla
Wax	Cera

Water
Agua

Canal	Canal
Damp	Húmedo
Drinkable	Potable
Evaporation	Evaporación
Flood	Inundación
Frost	Helada
Geyser	Géiser
Humidity	Humedad
Hurricane	Huracán
Ice	Hielo
Irrigation	Riego
Lake	Lago
Monsoon	Monzón
Ocean	Océano
Rain	Lluvia
River	Río
Shower	Ducha
Snow	Nieve
Steam	Vapor
Waves	Olas

Weather
Clima

Atmosphere	Atmósfera
Breeze	Brisa
Climate	Clima
Cloud	Nube
Drought	Sequía
Dry	Seco
Fog	Niebla
Hurricane	Huracán
Ice	Hielo
Lightning	Rayo
Monsoon	Monzón
Polar	Polar
Rainbow	Arco Iris
Sky	Cielo
Storm	Tormenta
Temperature	Temperatura
Thunder	Trueno
Tornado	Tornado
Tropical	Tropical
Wind	Viento

Congratulations

You made it!

We hope you enjoyed this book as much as we enjoyed making it. We do our best to make high quality games.
These puzzles are designed in a clever way for you to learn actively while having fun!

Did you love them?

A Simple Request

Our books exist thanks your reviews. Could you help us by leaving one now?

Here is a short link which will take you to your order review page:

BestBooksActivity.com/Review50

MONSTER CHALLENGE!

Challenge #1

Ready for Your Bonus Game? We use them all the time but they are not so easy to find. Here are **Synonyms**!

Note 5 words you discovered in each of the Puzzles noted below (#21, #36, #76) and try to find 2 synonyms for each word.

Note 5 Words from **Puzzle 21**

Words	Synonym 1	Synonym 2

Note 5 Words from **Puzzle 36**

Words	Synonym 1	Synonym 2

Note 5 Words from **Puzzle 76**

Words	Synonym 1	Synonym 2

Challenge #2

Now that you are warmed-up, note 5 words you discovered in each Puzzle noted below (#9, #17, #25) and try to find 2 antonyms for each word. How many lines can you do in 20 minutes?

Note 5 Words from **Puzzle 9**

Words	Antonym 1	Antonym 2

Note 5 Words from **Puzzle 17**

Words	Antonym 1	Antonym 2

Note 5 Words from **Puzzle 25**

Words	Antonym 1	Antonym 2

Challenge #3

Wonderful, this monster  challenge is nothing to you!

Ready for the last one? Choose your 10 favorite words discovered in any of the Puzzles and note them below.

1.	6.
2.	7.
3.	8.
4.	9.
5.	10.

Now, using these words and within a maximum of six sentences, your challenge is to compose a text about a person, animal or place that you love!

Tip: You can use the last blank page of this book as a draft!

Your Writing:

Explore a Unique Store Set Up **FOR YOU!**

BestActivityBooks.com/**TheStore**

Designed for Entertainment!

Light Up Your Brain With Unique **Gift Ideas**.

Access **Surprising** And **Essential Supplies!**

CHECK OUT OUR MONTHLY SELECTION NOW!

- Expertly Crafted Products -

NOTEBOOK:

SEE YOU SOON!

Linguas Classics Team